犯罪心理分析

人为什么犯罪

刘建清 / 著

Analysis of Criminal Psychology

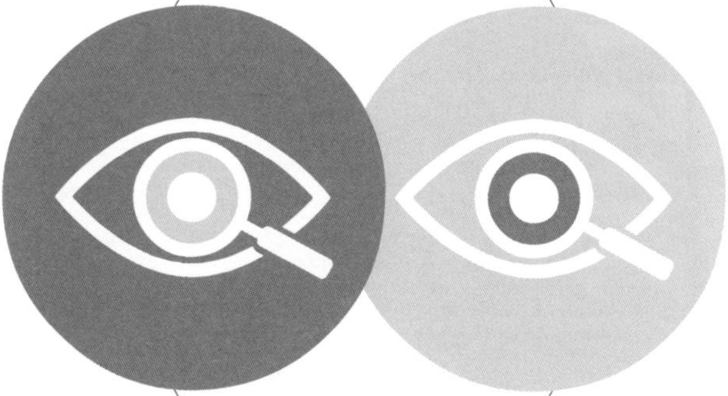

中国法制出版社
CHINA LEGAL PUBLISHING HOUSE

前言

Preface

犯罪的历史一直伴随在人类文明的发展历程中。据说在人类有文字记载的5600多年历史中，共发生过14600多起较大规模的暴力冲突，平均每年有2.6起。据人民网报道，全球每年有50多万人直接死于暴力行为中，而个体层面的犯罪行为每天都在公开地或者隐蔽地发生。人们不禁要问，难道人类是会自相残杀的物种？

这种邪恶来自何方？是演化而来的自私基因还是残酷的本性？或者仅仅是对失败的反抗？是因贫穷、利益争夺、人际冲突而引起？还是个体单纯的偏执观念、贪婪与欲望所致？

这就是犯罪心理学研究的对象：犯罪人的心理。犯罪心理学以独特的视角，以微观的视野来剖析犯罪人的认知、情感，犯罪动机与犯罪人格，为预防犯罪、打击犯罪与罪犯矫正贡献出专业的力量。

当我们平常听说犯罪心理学的时候，首先联想到的是案件中疯狂的、残忍的犯罪人，还是某些变态的犯罪人？的确，犯罪心理学研究极端的犯罪人，研究病理性的犯罪人。但是，这些犯罪人只是犯罪心理学研究对象的一小部分，它还研究许多常态下的犯罪心理及犯罪行为。

或许，我们对犯罪心理学的一般了解更多地来自关于犯罪题材的影视作品，在欣赏《沉默的羔羊》等电影或《犯罪心理》《别对我撒谎》

《犯罪现场调查》等电视剧的时候，就会自然地想到犯罪心理。实际上，这就是犯罪心理学原理与技术的具体应用，虽然这些文艺作品存在艺术的夸张，但它们确实是犯罪心理对策与技术的真实写照。

这就是犯罪心理学！

在这里，我们会探索到对犯罪现象的精神分析观点、行为主义观点以及以现代脑认知科学成果为基础的神经犯罪学观点，不同类型犯罪人的心理差异，如暴力犯罪心理、性犯罪心理、青少年犯罪心理、女性犯罪心理、团伙犯罪心理以及变态犯罪心理，还有典型的犯罪心理对策与技术，如测谎技术、犯罪心理画像技术、审讯心理技术、目击证人可靠性评估等。

只有真正解析了犯罪人的内心世界，了解了其隐蔽的犯罪动机与犯罪人格，我们才能更好地把握其犯罪行为，才能更有效地预防犯罪、打击犯罪与改造罪犯。

让我们在对犯罪人隐秘心理的探索中，重新建构起对犯罪人内心世界的科学认知。

目录
Contents

绪论　什么是犯罪心理学

犯罪心理学是研究犯罪心理与犯罪心理对策的学科。它是应用心理学的一门分支学科，是刑事科学与心理科学的交叉学科。

犯罪心理学的研究对象是犯罪心理与犯罪心理对策。这是学科的特殊性所在，也是由学科的目的指向所决定的。犯罪心理与犯罪心理对策之间紧密联系：犯罪心理是犯罪心理学研究内容的主体，是犯罪心理对策的基础；犯罪心理对策是犯罪心理基本原理的具体应用，是犯罪心理学应用于刑事司法实践的具体策略及技术。

犯罪心理与犯罪心理策略

犯罪心理是影响与支配犯罪人实施犯罪行为的各种心理因素，包括犯罪认知、犯罪情绪、犯罪情感、犯罪意志、犯罪动机、犯罪人格、犯罪心理状态等。其中，核心的成分是犯罪动机与犯罪人格。

在犯罪心理的构成方式上，存在**犯罪心理结构论**与**犯罪心理特征论**两类观点。犯罪心理结构论主张犯罪心理是以结构化的方式存在的，即行为人在实施犯罪行为之前已经存在的、在犯罪行为实施时起支配作用的那些畸变心理因素有机而相对稳定的组合。犯罪心理结构作为行为人整体心理结构的一部分，是行为人社会心理缺陷的总和，是其发动行为的内部心理原因和根据。而犯罪心理特征论则主张，犯罪心理主要是以行为人特异化的人格特质方式存在的，如犯罪思维特质（模式)、冲动性人格特质，这些特质是产生犯罪行为的直接动力。

犯罪心理对策是指运用犯罪心理原理，在预防、揭露、打击犯罪及罪犯矫正刑事司法实践中采取的心理策略及技术。它是犯罪心理学服务于刑事司法实践的体现，是实现犯罪心理学学科目的的具体策略与技术。主要的犯罪心理策略有犯罪心理测试技术（测谎术)、犯罪心理画像技术、犯罪心理审讯技术、证言可靠性评估、犯罪风险评估、罪犯矫正技术，等等。

犯罪行为与犯罪心理

犯罪是危害社会、触犯刑事法律、应受刑罚惩罚的行为；犯罪人是实施了犯罪行为的人。犯罪是一种特殊的社会危害性行为，以实施的行为为客观标准；“无行为无犯罪”已经成为现代法治的基本原则。犯罪行为是犯罪人在一定的犯罪心理影响与支配下实施的危害社会的触犯刑事法律、应受刑罚惩罚的行为。

犯罪心理与犯罪行为既有区别，又有联系，两者是辩证统一的关系。简言之，犯罪心理是产生犯罪行为的内在原因，具有独立性与隐蔽性，它不依赖犯罪行为的发生而存在；犯罪行为是犯罪心理在具体社会情景中的表达，具有一定的依存性。犯罪人的犯罪行为必定以存在犯罪心理为前提，而具有犯罪心理的行为主体未必实施犯罪行为。

犯罪心理与犯罪行为的联系主要表现在：一、犯罪行为总是在一定的犯罪心理影响和支配下发生，没有犯罪心理就不可能有犯罪行为的发生；二、犯罪行为是剖析犯罪心理的前提和基础，只有从犯罪行为入手，才能更为客观而可重复地对影响和支配犯罪人实施犯罪行为的心理作归因分析与验证；三、犯罪行为的性质往往由不同的犯罪心理状况决定。

犯罪心理与犯罪行为的主要区别在于：一、犯罪心理具有内隐性，而犯罪行为则具有外显性；二、犯罪心理具有相对的独立性，而犯罪行为则具有依存性；三、在形成、发生的时序性上，犯罪心理形成在前，犯罪行为发生在后。

犯罪动机与犯罪人格

犯罪动机与犯罪人格是犯罪心理学的核心内容，是犯罪人实施犯罪行为的心理动力。

犯罪动机是推动行为人实施犯罪行为的内心力量

犯罪动机指向行为人邪恶的心理本源，是所有犯罪心理及犯罪行为的直接起因。犯罪动机是以犯罪人犯因性需要为基础，在具体的社会情景中形成的指向犯罪行为的内在动力。它存在于故意犯罪心理与过失犯罪心理中，包括意识到的犯罪动机（清晰的犯罪动机）与未意识到的犯罪动机（潜意识的犯罪动机）、常态的犯罪动机（如贪利型犯罪动机、情绪—情感型犯罪动机、权欲型犯罪动机、信仰型犯罪动机等）与异常的犯罪动机（如智力障碍者的犯罪动机、性变态者的犯罪动机、人格障碍者的犯罪动机、精神病者的犯罪动机等）。

犯罪人格是犯罪人或潜在犯罪人所具有的反社会心理特征的总和，是一种严重的反社会人格，它是严重的反社会行为倾向的身心组织。它包括常态的犯罪人格（如物欲型犯罪人格、性欲型犯罪人格、情绪—情感型犯罪人格等）与变态的犯罪人格（如精神病态者的犯罪人格、偏执狂的犯罪人格、精神分裂症者的犯罪人格、智力障碍者的犯罪人格等）。

犯罪人或潜在犯罪人可能具有犯罪人格，但并不是所有的犯罪人或潜在犯罪人都具有犯罪人格。犯罪人格是犯罪人或潜在犯罪人的犯罪心理发展到一定阶段时的产物。犯罪人格是反社会的心理特征与行为倾向统一的身心组织系统，具有稳定性与持续性，它支持与维持着犯罪冲动，但并不等于必然导致犯罪行为。此心理趋向特征与犯罪动机是相一致的。

犯罪动机与犯罪人格的内在联系

行为人的人格由以需要、动机、价值观为核心的动力系统与以性格、气质、能力为核心的特征系统组成。犯罪人格的构成要素也是如此：犯罪动机是激发与强化犯罪行为的动力，犯罪动机使犯罪行为得以完成，积极的犯罪体验得以在行为结果中强化，它与需要、价值观念一道成了犯罪人格形成与发展的动力系统，它推动与强化着犯罪人格。从本质而言，犯罪动机与犯罪人格是同质的，即两者是本质一致性的关系：犯罪动机形成犯罪人格，没有犯罪动机就不可能形成犯罪人格；犯罪人格作为一种结构性的身心组织，直接表征着犯罪动机，使得犯罪动机在自身的内心世界从认知、情感、意志及气质、能力中得到更为充足的支撑与表达。犯罪动机是犯罪人格形成的基础，也是犯罪人格的核心成分，是动态的、典型化的犯罪人格要素；犯罪人格典型化地表征着犯罪动机，是相对静态的复杂化、结构化的犯罪动机。犯罪动机与犯罪人格，作为犯罪心理学的核心内容，它们关系密切，相互作用，并通过犯罪心理动力理论的重新审视、建构及其在侦查、审讯、审判、犯罪人处遇矫正等方面的应用而在犯罪心理学学科与刑事科学一体化的进程中发挥主导性的作用。

犯罪心理学的学科性质

犯罪心理学是犯罪科学与心理科学相交叉的学科。在刑事法学科中，犯罪心理学属于犯罪原因的学科；在心理学学科中，犯罪心理学属于法律心理学的应用分支学科。

犯罪心理学是一门偏向社会科学的综合性学科。犯罪人是特殊的社会人群，其本质上也是独特的社会关系的总和。把犯罪人作为基本研究对象的犯罪心理学具有明显的社会科学的性质。同时，无论是犯罪心理的形成还是犯罪行为的发生，都离不开一定的生理机制的作用，犯罪心理学又具有自然科学的性质。是一门介于社会科学和自然科学之间而偏于社会科学的一门学科，具有综合性学科的特点。

犯罪心理学既是理论学科又是应用学科。它深入地探讨犯罪人产生犯罪心理及实施犯罪行为的内在原因，为犯罪行为发生机制提供理论模式的验证；同时，它直接地为犯罪预防、打击犯罪与罪犯矫正等刑事司法实践提供具体的策略与技术。

犯罪心理学是一门或然性学科。犯罪人犯罪心理的形成和犯罪行为的发生是多因素综合作用的结果，它涉及许多的变量。犯罪心理学研究的结论并不适用于每一个人和每一种情境。所以，犯罪心理学的研究结果和结论带有很大的或然性：在某种情况下的犯罪心理和犯罪行为发生的倾向性或可能性。

学科的任务

作为刑事科学体系的有机组成部分，犯罪心理学的学科目的与犯罪学、刑事学的学科目的是一致的，即打击犯罪、保障人权。

与学科目的相适应，犯罪心理学的学科任务具体体现为以下四个层次：

- 描述与测量犯罪心理与犯罪行为；
- 解释犯罪心理与犯罪行为；
- 探索犯罪心理对策，干预与控制犯罪心理与犯罪行为；
- 探索犯罪风险，预测与预防犯罪心理与犯罪行为。

独特的研究方法

犯罪心理学的具体研究方法是在其哲学方法与系统方法论的指导下，结合本学科与具体研究对象与研究课题的特点决定实施的具体方法与技术，它实现的是学科的应用价值。具体的研究方法包括**行为分析法、心理分析法与认知分析法**三个组群。

行为分析法是心理学进入科学主义（客观验证性规则）阶段的主要代表，也是行为主义心理学基本原理（经典性条件反射原理、操作性条件反射原理）的应用。结合犯罪心理现象与犯罪行为的特殊性，常用的研究方法有观察法、心理测验法、实验法等。

心理分析法来源于研究者对于心理与行为的思辨与经验的归纳，是质性的理性推论与实践尝试的结合体。它部分存在着难以重复验证的缺陷，但有时却是面对人类极端或者复杂心理现象的探索性途径。犯罪心理学的心理分析法起源自精神分析学派的经典假设（无意识理论、本能理论、罪恶感理论、人格冲突假设与自卑感的力量等）的临床实践，却在人类这种极端越轨心理与行为的解释与“医治”中具有独特的作用，并且在新精神分析学派与修正性技术的结合下发挥其深度心理探索的力量（而不仅仅是指向变态心理的原因分析与解救）。狭义心理分析法是精神分析的创立者弗洛伊德（S. Freud）在治疗精神疾病中使用的治疗技术，包括心理历史法、催眠法、自由联想法、作品分析法、释梦法等。

认知分析法来自心理学、认知心理学及其发展部分（信息加工心理学），它强调以人类的强大思维为代表的认知过程与理性的作用。通过以言语为中心的心理参与，去探析心理与行为背后的动机所在，并同样以认知去化解心理情结，塑造新的心理品质与行为习惯。

学科简史

心理学有悠久的过去，但只有短暂的历史。犯罪心理学作为心理科学的分支之一，其学科历史同样如此。自 1897 年该学科的出现至今只有 120 多年的历史。

人类从远古时期随着犯罪现象的产生就开始并持续探索犯罪的心理原因，犯罪心理与犯罪行为一直是人们探索的对象。但现代犯罪心理学学科体系的建立与完善，仅有 100 多年的历程。西方与我国在犯罪心理学的建立上存在不同文化背景，其发展过程呈现出具有差异性的路径。

西方犯罪心理学的发展经历了哲学、精神病理学、犯罪人类学及科学心理学的发展路径：

上古时期，人们普遍信奉神灵，超自然的力量成为精神的主导力量。越轨、极端的行为被认为是魔鬼附身的结果，必须用奇术、咒文或者身体惩罚等驱魔方式使之恢复。

古希腊、古罗马时期，开始有学者和医生对精神异常现象进行专门的研究。

中世纪后期，随着科学的进步与人文主义的发展，许多国家的宗教与哲学界的开明人士与医生开始追求理性的指导，妖魔论与迷信活动开始消退，这为临床科学的发展奠定了基础。随着法医学与精神病学的发展，许多专家总结参与办案的经验，提出了带有精神病学倾向的犯罪心理学观点。例如，德国精神病学家克拉夫特－埃宾（F. Krafft-Ebing）所著《基于德国和奥地利刑事立法的犯罪心理学的基本特征：供法学家使用》（又称《犯罪心理学纲要》）、意大利精神病学家龙勃罗梭（C. Lombroso）所著《犯罪人论》。

犯罪心理学学科诞生的标志是奥地利犯罪学家、刑事预审官、检察官格罗斯撰写的犯罪学与心理学相结合的著作《犯罪心理学》的出版。

西方犯罪心理学的理论以哲学、精神病理学、人类学、社会学为背景，在心理科学主流思想的影响下，形成了精神病学的犯罪心理学理论、精神分析的犯罪心理学理论、行为主义的犯罪心理学理论、人本主义的犯罪心理学理论、认知学派的犯罪心理学理论、现代犯罪生物学理论。

我国犯罪心理学的发展

中国是探索犯罪心理现象最早的国家之一，中华浩瀚而悠久的文化包含着丰富的关于犯罪心理学的思想与观点。例如，犯罪心理与人性、犯罪心理与经济状况、犯罪心理与后天教养、关于审判心理的思想观点，以及犯罪心理预防思想。

从20世纪70年代末至今，中国犯罪心理学科的发展进程可大致划分为4个阶段：

1979年至1982年是我国犯罪心理学科的初创阶段；1983年至1992年是我国犯罪心理学科的知识普及与争鸣阶段；1993年至2000年是我国犯罪心理学科的分支建构与人才发展阶段，1994年开始，犯罪心理学领域进行了全国范围的犯罪现象调查及犯罪心理研究；21世纪以来的发展，是我国犯罪心理学科的日趋完善并走向国际的阶段：指向法律心理学及犯罪心理学的学科体系建构，并在全社会多个领域得到相应的推广应用。

当代我国犯罪心理学研究的核心领域（主题）有：

- 青少年犯罪心理；
- 犯罪动机；
- 犯罪人格；
- 暴力犯罪神经机制；
- 反社会人格/精神病态；
- 有组织犯罪及恐怖主义犯罪心理；
- 犯罪心理测试技术；
- 犯罪心理画像技术；
- 审讯心理技术；
- 犯罪风险评估；
- 罪犯矫正技术；
- 社区矫正技术。

第一章　犯罪心理学基本理论

01

天生犯罪人？

1859 年，英国生物学家达尔文（Charles R. Darwin）经过多年的环球物种考察之后，在其成名作《物种起源》中提出了进化论（演化论）的观点：人类是由低等动物演化而来的。其核心观点是："物竞天择，适者生存""异性选择，美者生存"。在现代科学殿堂中，此理论观点已经得到普遍的认同，由此可推论出，漫长生命进化而来的竞争生存本性与择偶倾向深刻而稳定地影响着我们现代人的行为模式。而进化论在对犯罪行为的解释中，又有着怎样的体现呢？

龙勃罗梭（C. Lombroso），一个犹太人医生，意大利 19 世纪实证犯罪学家、精神病学家、刑事人类学家。在担任军医、精神病院院长与监狱医生的工作期间，他观察测量了 3000 多名精神病人、杀人犯的人体，并解剖了一些杀人犯的头颅。他发现他们具有一些进化中较低级物种的生理及心理特征（共有 17 项特征），如前额扁平、眉骨隆起、眼窝深陷；视力好、痛觉低；迷信、低智力；有懒惰习惯，无羞耻感。最后，在解剖了当时意大利臭名昭著的土匪头子的头颅后，他提出了"天生犯罪人"的学说：犯罪者中 66% 是天生的犯罪人。犯罪行为是原始返祖的现象；犯罪人是现代社会中原始的野蛮人，是变种的现代人；

犯罪具有家族的遗传性。而如果犯罪家族相结合，则大大增加其家族成员的犯罪性。

龙勃罗梭将犯罪人分为四大类：天生犯罪人、激情犯罪人、精神病犯罪人与机会犯罪人。随后引发了美国学者对犯罪家族的研究，如卡里卡克（Kalikako）家族、朱克（Juke）家族。

天生犯罪人的观点一经提出，当即受到大众与众多学者的猛烈批评与反对，认为这是宿命论，是承认人种优劣差异的学说。龙勃罗梭经过进一步的检测与分析，其学术观点经历了不断地修正，其著作《犯罪人论》从第一版的 252 页丰富到第五版（1895 年）的 1908 页。在 1893 年，他将天生犯罪人的比例 66% 修正为 33%。

同时，这一理论也激起了生物学家、精神病理学家对犯罪现象的研究，如遗传学的双生子研究，体形、血型、激素、染色体异常与犯罪行为关系的研究。但是，受到当时研究技术与证据的限制，这些学说没有被学术界与司法界接受，仿佛是昙花一现。但是，经过一百年后，情况又如何呢？

1978 年，荷兰一名妇女找到奈梅亨大学的医生布伦纳（H. Brunner）求助，咨询有关家族遗传的问题。她家的男性亲戚们的行为不端让她担心：他们大多好勇斗狠，眼睛里常常发出阴冷的目光！而她自己的十岁儿子也喜欢寻衅闹事，她很担心他会步其长辈的后尘。布伦纳医生开始了系统调查，对其家族四代的 14 个男性亲戚调查后发现，他们都有暴力史，都有冲动攻击的记录。经过 15 年的跟踪和科研后发现：这个家族男性沉沦于暴力，是因为其家族的 X 染色体将暴力基因遗传给儿子，该缺陷的基因是 MAOA（单胺氧化酶 A，Monoamine Oxidase A）。此成果于 1993 年发表于《科学》杂志上：MAOA 是一种突变形式的单胺氧化酶 A 基因（它参与许多神经递质的代谢，本可以正常调节

DA/5-TH/NE的代谢)。因为MAOA活性不足，导致这些调节作用失灵。常见的表现是ADHD（注意缺陷多动症)、酗酒、吸毒、易怒和其他冒险的、危险的行为。换言之，**他们家族中男性的暴力并不是意料之外的行为，而是通过遗传获得的。**

这一生物遗传学的科学证据如黑夜中的一道闪电，激发了犯罪遗传学的重新兴起：

1995年，参加美国南加州大学科研工作的华人学者陈景虹通过在老鼠身上进行实验（以植入一段人工合成的DNA序列，排除或遏制住老鼠体内的MAOA)，两次带来了MAOA研究领域令学界震动的成果：她每天进入实验室都发现有老鼠死亡，那些缺乏MAOA的老鼠极富攻击性。此现象正如荷兰的那个家族中男性个体具有的暴力攻击现象一样。

2002年，《科学》杂志再次发表了一篇具有里程碑性质的论文，美国杜克大学两位科学家莫非特（T. Moffit）与卡斯普（A. Caspi）的研究发现：MAOA对攻击行为的出现很重要，是反社会行为的成因，但它必须在特定的环境中，如在受虐待的儿童身上才会发生作用。通过对1000多名3—21岁的儿童和青少年对象的研究发现，如果他们是低MAOA者，又在童年时期遭受严重虐待，他们在青春期之后就会变得非常危险。又如虽然中国人的低MAOA发生值较高，但是中国谋杀发生率为2.1/10万，而美国为9/10万，可见其中文化的影响是重要的调节变量。

现代社会中毒品对暴力行为也有类似的诱发作用：发生在2012年的美国的啃脸案，一个31岁的美国男子在毒品的作用下，袭击了一名陌生男子，并且将这名陌生男子的脸部啃掉了四分之三。这个案件中的一个明显的要素是罪犯吸食了毒品，在毒品的作用下引发了疯狂的行为。

在暴力犯罪人中，他们属于典型的热血型、冲动型犯罪人，那么“冷血型犯罪人”是什么情况呢?

犯罪遗传学（genetics of crime）在现代神经技术的支持下，有越来越多的证据表明，残暴的犯罪并非个案，而是多有发生。

20世纪90年代以来，神经犯罪学重新兴起，代表的前沿研究领域有：

- 战斗基因或战士基因，也俗称“犯罪基因”：指具有强烈犯罪倾向的缺陷基因（单胺氧化酶A，MAOA）。
- 神经介质：血清素（5-TH）/ 多巴胺（DA），它们是情绪刹车阀，抑制冲动。如果血清素较低，则行为人容易激动（引发冲动行为），同时本来具有的“刹车系统”（生理心理保险机制）失灵！
- 杏仁核 / 海马：恐惧功能中心。如果存在缺陷[杏仁核（amygdala）活性较低]，极端暴力行为人的恐惧感、罪责感及识别他人痛苦的能力很低或消失，其行为的高冒险性与残酷性就自然发生。
- 前额叶功能 / 纹状体：人的本能贪婪欲望的启动中心。犯罪人的纹状体功能高度激活，贪婪性犯罪动机强烈，可引发暴力性的掠夺行为，也可以在社会地位、职业及专业技能的帮助上持续实施隐蔽性强的掠夺性犯罪，如诈骗、欺诈、职务犯罪等。
- 性犯罪：雄激素功能异常而性唤醒水平增强，可以大大地诱发持续的强奸犯罪或者其他性侵害行为；作为雄激素的代表睾酮激素（T激素）的异常包括T激素旺盛（诱发以性欲动机为主的性侵害）与T激素不足及相关的性功能障碍（更可能发生由自卑引发的仇恨犯罪或者虐待相关的变态动机犯罪）。

例如，2012 年著名的加拿大残肢邮寄案，罪犯将被害人杀害以后，把尸体肢解，并且将残肢寄给邮政局。这个案件中的犯罪人行为极端残忍。一般来说，犯罪人即使出于某种仇恨的原因实施犯罪，也很难做出将尸体肢解的行为。对于这种特定凶手的心理分析，包括很多要素，如生物学的、遗传学的、心理学的、精神病理学的，是各个学科的共同分析。但是这些要素很难被综合起来，人们难以理解为什么这些要素结合起来就变成了这样一个冷酷无情的杀人凶手。这些都是犯罪生物学派十分关注的因素：认为人的疯狂行为来源于脑内神经系统和内分泌系统的紊乱。

这些犯罪人是不是更像冷血犯罪人？！他们冷静地启动犯罪，精心策划实施犯罪！

面对这些神经犯罪学的新证据，我们如何来重新审视“天生犯罪人”的观点？

龙勃罗梭提出，从身体的生理测量到神经犯罪学的证据证明，具有某种一致倾向的结论：存在着天生犯罪人，或潜在的天生犯罪人。当然，早期的观察测量是相关性研究，而且其选择的被试有局限性，也没有设置对照组得到的数据：其中确实发现了犯罪人群中犯罪原因的线索，但这不是直接原因；没有证明犯罪人与非犯罪人的本质（心智）差异。

目前，关于“天生犯罪人”的神经学的证据还不够充分，但已经普遍认识到神经—内分泌因素在暴力犯罪中的特殊作用：无论主动性（掠夺性）犯罪（以贪婪动机为中心），还是反应性（情绪性）犯罪（以仇恨动机为中心），个体的异常神经机制与激素都发挥着重要的作用。

虽然这些犯罪人只是少数，但他们的犯罪倾向性强烈，犯罪风险很大！

- 生物制约因素的作用确实存在，在有的案例中还可能处于决定性地位：犯罪的内因定位。相应地，神经犯罪伦理学认为：他们是犯罪者，也是特殊的患者；既要惩罚，又需要进行强制治疗。西方的精神病监狱就是在此条件下出现的。
- 犯罪人的成长环境有着重要的作用：童年时期与青春期危机的遭遇，尤其是早期的亲子关系具有无可替代的地位；正如“子弹—枪膛—击发”比喻：出生时的基因缺陷就好比嘴里含着子弹，甚至可能已经上膛，但是，子弹会不会被击发，什么时候被击发，关键在于环境中的消极因素的影响，而积极的情感是重要的保护因子。
- 消极的生物因素对于变态犯罪与普通的犯罪并不一定总是具有解释的普遍适应性，因为个人已经形成的欲望、偏执的认知对犯罪的引导更为重要；但是，为什么这些人在同样的环境、类似的情景中更容易形成贪婪、偏执的反社会念想？
- 适用于犯罪人的 BPS 模型（生物、心理、社会交互作用）分析，对普通人同样适用。

神经科学的证据表明，潜在的“天生犯罪人”可能真实地存在，其犯罪的持续风险性很高！但是，他们未必会成为现实的犯罪人！因为，“邪恶的子弹”只有在消极成长环境中才会被击发！而积极的情感作为一种强有力的保护因子可以消除其破坏性。如果“天生犯罪人”是自然演化而存留的一服毒药，那么，爱是唯一的解药！

02

无意识犯罪动机

精神分析（psychoanalysis）是由奥地利临床医生弗洛伊德于 19 世纪末在治疗精神疾病的临床实践基础上创立的一套病理心理学理论，同时，它也是一门独特的心理分析技术。无论是从经典的精神分析，还是从新的精神分析角度来讲，精神分析法都是 20 世纪以来对人类科学、宗教与哲学、文化与生活各个领域产生重要影响的思想与理论学派。

精神分析以无意识、性本能为基本的研究对象，以精神疾病（消极能量的对内积累与扩展）与违法犯罪行为力量同源的观点（创伤与压抑力量指向内心世界为精神疾病；创伤与压抑力量向外部世界宣泄则为违法犯罪），以及人格内部冲突（本我、自我与超我的冲突）、自卑与超越、自我与环境文化的压力、心理创伤、罪恶感及自我防御等观点用于解释与探讨犯罪行为。而精神分析犯罪理论的基本的、典型的体现就是无意识犯罪动机。

经典的精神分析理论认为，犯罪者的犯罪动机具有无意识的特征。这种动机的无意识性是个体“深层而有意”的压抑，导致该动机隐伏于无意识层面的结果。如个体犯罪者出于安全感或者归属感的需要，主动加入不良团伙、犯罪团伙，但他们在意识层面上可能主要体会到犯罪行为所带来的对其所贪图的物质需求的满足；也可能是在犯罪团伙屈从于潜在的强大压力而被动地实施犯罪行为。它可以满足他们内心的强烈需要，也可以缓解或者解除焦虑。但他们并没有清醒地意识到自己实施犯罪行为的真正原因。

新精神分析学者希利（W. Healy）与亚历山大（F. Alexander）等，则把**某些犯罪行为模式看成无意识动机作用下的象征性反应**。例如，一个抢劫犯使用武器被看成缺乏男子气概的反向作用（防御机制之一，即用外表强大的力量来掩饰或弥补内心的怯懦），如此，枪支或刀棍被看成男子气概的延伸性象征表达。入室盗窃犯罪被看成无意识的强奸欲望的替代性反应。他们提出，**支撑犯罪行为的常见无意识动机包括：对自卑感的过度补偿；对父母亲的怨恨（报复性）反应；对团伙强大压力的认同反应；摆脱罪恶感的企图；追求自我惩罚的倾向（自罪动机）；等等。**

自从精神分析理论提出无意识学说以来，无意识成为人类心理的重要组成部分，也是人类深度探索自身精神世界的有价值的维度。在现实的某些犯罪现象中（个体犯罪、群体犯罪、变态性犯罪、过失犯罪、情绪冲动型犯罪等），确实可以分析出其无意识犯罪动机的力量构成（包括完全的无意识犯罪动机、低自我意识性的犯罪动机两个水平）。同样，在犯罪人心理现象的研究、分析中，无意识动机、无意识心态客观地存在于犯罪心理结构里的动力结构、特征结构、调节结构及心理状态之中，是犯罪人或者潜在犯罪人的犯罪心理不可缺失的方面。

个体在潜在的本能冲动、社会规范适应及对特定群体规范的服从与对抗中，经历着迷茫、选择与孤独、对抗等强烈的消极体验。但个体对其力量的状态与来源并非时刻都能够具有清晰的意识性与自我认知性。个体所具有的无意识动机是导致其实施越轨行为、犯罪行为的重要驱使力量。

本能冲动力

本能的力量推动个体以探究性、冲动性行为走向越轨、犯罪行为，而由于性机能的唤醒与性意识、性知识、性体验的成长并不同步，这些本能力量便以个体未意识到的形式出现。无意识犯罪动机的另一表现——暴力攻击本能与性本能发挥作用的机制相似，也是在个体青春期身体机能增加、兴奋性提高的前提下，伴随着个体的“成人感”“独立感”“自尊感”而出现的。个体无意识中以遗传的攻击本能作为维护自尊心的手段；在家庭暴力与校园暴力中，个体以攻击行为作为自尊与原始力量崇拜的象征。

罪恶情结动力

性机能与性意识的朦胧唤醒在产生兴奋的同时，必然导致个体生理欲求与社会规范冲突：社会规范在此往往有严厉的限制，个体会觉得接近异性是一种不道德、有罪过的行为。如果个体在人格成长的早期存在着一些尚未解决的心理危机，如信任危机、过分信赖，或者在婴幼儿时期形成恋母情结、恋父情结等情感困惑，性的罪恶感就会被无端地放大而成为个体特定行为的主导力量。受到本能快乐追求与内心道德（超我）冲突的影响，对于客观越轨或自以为越轨的个体，其罪恶感忽隐忽现，时刻相伴相随，是其内心冲突与矛盾的来源。其极端的形式是赎罪动机与犯罪情结。赎罪动机是个体犯罪的潜在动机，是为了通过犯罪而得到的惩罚来赎清自己内心顽固存在的性的罪恶感或者对父母及家庭的罪过；犯罪情结则是因幼儿或童年时期遭受的心理创伤（如父母虐待或忽视、同伴的欺凌）造成一种潜在的、强烈的挫败感、仇恨感，驱使犯罪者发动攻击。

美国著名的精神分析学者亚历山大和希利曾对一名多次入狱的惯犯佩雷茨进行了一次深入的精神分析。这名罪犯曾经因酗酒违反交通法规、盗窃等犯罪行为受到15次起诉，其中7次被判刑。分析者发现，他年幼时就是一个被宠坏的孩子，依赖性很强，在28岁接受精神分析时，仍然表现出对五个姐姐和一个哥哥的依赖。他们认为在佩雷茨的犯罪生涯中，其人格发展过程中的口唇固着、自卑感、反应性嫉妒与敌意、罪恶感等一系列问题形成恶性循环，导致了他一次次的犯罪行为。他的犯罪行为很显然是夸张的男子气概行为的直接表现。

- **口唇固着：**由于被姐姐和哥哥溺爱，接受、依赖导致的固着。
- **自卑感：**由于在学校和同伴交往以及与哥哥的竞争中这些依赖倾向没有（也不可能）得到充分满足而引起。
- **反应性嫉妒与敌意：**自卑感加剧了对哥哥的嫉妒，并导致了对哥哥与姐夫的敌意。
- **罪恶感与自我惩罚：**对哥哥的攻击行为引起罪恶感，也带来了自我惩罚倾向（疑病症状）。
- **神经症性恐惧、攻击行为：**自我破坏倾向和恐惧强化了自卑感；自卑感强化了嫉妒与怨恨、恐惧。
- **对依赖性接受态度的退行性强化：**恐惧驱使他退行到婴儿期固着（以依赖与被动接受为特征）状态。

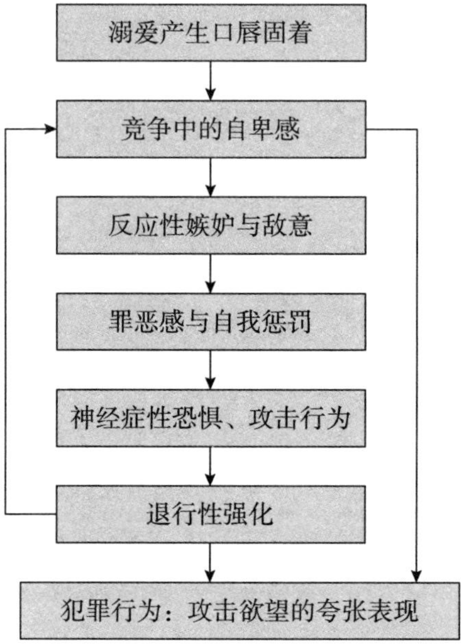

也即犯罪行为是攻击欲望和虚张声势欲望的夸张表达，而攻击欲望和虚张声势欲望又是对婴儿期退行性行为的一种补偿反应。

可见，犯罪人佩雷茨早期发展中的问题与其不良行为已经形成了一种潜在的、稳定的恶性循环，加上其无意识的动机作用模式，驱使他在犯罪道路上越走越远，无力自拔。

好奇心动机

个体在好奇心、探究本能的驱使下，精力旺盛，富有冒险性，迫切想了解、探究未知领域新奇的刺激。如果没有外界疏导的途径，社会禁忌的阻挡反而会激发其探究的动力。在本能冲动性的自然引导下，性的信息与力量、暴力的方式与力量、创新与突破的力量、自我表达与自信的力量等都容易成为个体强烈追求的方向，虽然他们在具体的行为、活动中未必清晰地知道其行为的原因和动力。由此就有了性越轨、性犯罪、攻击行为、暴力犯罪及破坏活动的好奇心和潜意识动机。其更为典型的是游戏型犯罪动机，这是好奇动机与个体游戏快乐动机紧密结合的表现。

逞强动机

在与同伴之间的自尊心与地位竞争中，在争取群体归属感的过程中，个体容易表现出强烈的虚荣心或想出人头地的意愿。但由于受到心理水平与客观条件的限制，有时难以达到相应目的。而自卑感极强或自我显示欲极强的少年，一旦无法以合法行为表现自己时，就可能在自我价值感的驱使下，自然地激发出逞强动机。用自身的价值、自身的能力、自身的意志品质及道德品质来加强自尊的人生哲学在成人身上已经成为常识，但个体并不能完全理解与接受。个体往往把竞争当作与他人在气势上、力量上、胆量上的较量，他们更倾向于用直接的、外显的攻击方式来捍卫自尊。个体往往把非本质的特性，如单纯的身体力量、容貌、体形、服式、发式、言行风格与风度等作为自己品质与自尊价值的代表，具有更为表面化的虚荣心。这些虚荣心的要素是个体心理生活中的重要力量，也是无意识中促使个体为追求虚荣心而犯罪的动机之一。

逆反动机

个体的逆反心理是情绪的、非自我意识的，或者说是本能性的、自发的反应。个体个性是丰富多彩的，家庭、教师与社会（如传统习惯）则强调（甚至于强制）统一规范；个体追求自主与独立，家长与社会则要求绝对服从。这些心理需要与现实的矛盾导致对于个体内心期待的兴趣、自由与理想的限制与抹杀，直接导致个体天性的无意识反抗。逆反心理也是个体求乐倾向与自由倾向的自然表现。追求快乐是人的天性，而社会与家庭严格的要求与他们天性追求的轻松快乐立刻导致对立与冲突。如果成人世界的规则过于严厉，他们要面对来不及适应的压力，压力便成为反抗的作用力。另外，逆反心理是个体追求社会适应与归属感的反应。个体处于自我同一性建立的时期，他们潜意识里希望在自己的过去、现在与将来理想之间建立一种可靠的联系。由于个体的心理及行为未能符合家长或社会的规范（如学习成绩较差、行为不规范），受到家庭、学校或社会的排斥（或惩罚），他们心里一时无所适从，无所依赖。但其内心的归属感依然存在，甚至希望更为强烈地得到满足。此时，在主流文化的排斥中，区别于主流文化的副文化群体就突显出吸引力。副文化群体中的相互认同与归属感仿佛使个体心灵在迷茫大海之中找到停泊的港湾。为了保持与强化自己在副文化群体中的归属感与地位，在群体自身规范无形的压力下，个体自愿地接纳群体的规范。加之群体成员之间未被社会驯化的天性与行为方式的习染，最终较容易不经意地走到与主流文化规范的对立面。自我价值追求与归属感追求的过程潜在地造就了个体对抗社会规范的、叛逆性的行为动机。

作为犯罪心理结构之动力亚结构的组成部分，无意识犯罪动机丰富与深化了犯罪动机的内蕴，它揭示了犯罪人犯罪动机的特殊性、复杂性与隐蔽性（与有意识的犯罪动机相结合）；无意识犯罪动机在刑事司法实践的应用中，对于揭露打击犯罪，促进犯罪人认罪服法，尤其是特异性动机的犯罪，对于罪犯的心理矫正、犯罪性人格与行为改造，均具有特别重要的地位与独特的、深刻的价值。

03

本能犯罪者

精神分析学派是西方现代心理学三大学派之一，其最为显著的特征就是特别强调本能在个体行为中的原动力作用。

泛性论是精神分析理论的典型标签（“一切都是性”）。本能论是精神分析学派的一个核心组成部分。犯罪本能论认为，人类社会中犯罪的根源在于人与生俱来的本能。因为，犯罪就是违反了为了文明的存在而确定的各种禁律，而且有些禁律是违反人类本性的。

经典的精神分析理论认为，儿童是作为犯罪者而出生的（即具有与生俱来的罪恶感和趋恶倾向）。如在幼儿时期，男孩出现了亲母反父倾向（所谓“恋母情结”，oedipus complex），女孩出现了亲父反母倾向（所谓“恋父情结”，electra complex），这就有了近亲相奸愿望。只是由于他们没有发展出行为能力与责任能力，此时他们的破坏性行为才不被认为是犯罪；当他们成长为青年或成人，他们的这种行为就会被视为犯罪。成人犯罪是由于退化而使幼儿时期原始的、暴力的、非道德的冲动复活。由于亲母反父倾向、亲父反母倾向的存在，人在无意识中也就有了罪恶感，强烈的罪恶感导致个体想通过犯罪而遭受惩罚。

弗洛伊德认为，本能是一种激发人们行为的强大而永恒的力量或驱力，是内心与行为张力的源泉，它分为**生的本能**与**死亡本能**两大类。

生的本能与犯罪

性本能是人类最强大的本能之一，性本能强大的力量与其追求及时快乐的驱使原则必然严重地冲击文明社会为限制它而制定的各种禁律。生的本能代表积极向上的力量，包括饥饿、性欲与关爱等，它们与自我保存和种族生存有密切关系，其中以性欲最为强大；而各种性犯罪正是性本能冲动与攻击本能相结合的直接后果，如强奸行为、性攻击行为，以及由自卑引起的性虐待行为。该理论也称为性本能说。

性本能的犯罪动力体现：强奸、猥亵等性攻击行为。

- 性犯罪：以强奸、猥亵等性侵害行为为代表，其中，犯罪动力是性本能表达的直接体现。
- 变态性犯罪：常常伴随有典型的性虐待与疯狂的猥亵行为；另外还有恋童癖样行为。这些是性本能的变态体现。
- 控制欲望与仇恨：这往往是行为人在性生活受到打击后的自卑引发对女性的仇恨。这是性本能的转换体现，集中表现为对女性控制欲望的极度膨胀！
- 以色相引诱作为犯罪的手段：这是性本能在犯罪手段上的体现，在女性犯罪中很常见。
- 职务犯罪背后的性驱力与情感动力：体现了在其推动下的贪婪欲望与权力滥用。例如，在不当的性驱力与情感动力激发下，许多职务犯罪的官员背后，都能看到一个情人或多个情人的身影，甚至有的情人直接走到了犯罪的前线。

- 变态暴力犯罪：这是**性本能与攻击本能的结合**，在攻击中体会到性兴奋样的快感，在性行为中引发攻击的兴奋感，这种人正是所谓的“色情杀人狂”。它明显地表现为犯罪人在性压抑后本能宣泄的行为特征！

死亡本能作为犯罪行为的攻击力量

死亡本能来源于人类的生物进化习得，但在现代社会中，它以攻击行为、破坏行为表达出来，包括个体的超越行为、犯罪行为与群体的冲突和战争。死亡本能代表破坏与灭亡的力量，它要求恢复无生命状态，施加趋向死亡的压力可以是直接内向性的方向，如自杀、受虐，也可以是外向性的方向，如攻击、憎恨他人、违法犯罪等。人类本能中这种攻击性破坏性的肆意满足必然会导致犯罪的结果，它是人类绝大多数犯罪行为的攻击性、破坏性力量的来源。死亡本能的表达方式有原始、残暴、疯狂的暴力犯罪，以及隐蔽的贪污、欺诈、陷害等非暴力犯罪。这种本能倾向还可以间接、曲折地通过罪恶感的冲动（如未成年犯罪人由罪恶恐惧与赎罪动机而导致的犯罪行为），以防御机制的强化（如犯罪合理化，犯罪意念的反向作用、投射作用）与人格的冲突（如过于强大的本能对于道德化自我的压抑或者超我的过于严厉）等方面表现出来。该理论也称为侵犯本能说。

本能犯罪者的犯罪动力也来自其人格内部的各成分冲突。精神分析的人格结构理论认为，人格包括本我（原始的我）、自我（现实的我）与超我（道德化的我）三个部分。同时，生的本能与死亡本能在个体的人格结构中具体表现为本我。弗洛伊德认为，本我中的原始本能所执行的及时快乐原则，是犯罪的根源，但在一般情况下，人们不会去实施犯罪。人格中的自我与超我是人的行为中两个重要的控制系统，自我执行现实原则，超我执行尽善尽美原则；人们会根据现实的社会道德法律的要求约束控制自己。

人格冲突理论认为，如果自我与超我发展存在缺陷，已有的道德观念（超我）无法抵御本能冲动的诱惑，或者本我的力量过于强大，压倒了现实原则作用下的自我力量时，就会导致犯罪行为的发生。也就是说，当人格结构中的三者失去平衡时，尤其是以及时快乐满足为原则的本我过于强大地发挥本能作用时，犯罪行为就会发生。弗洛伊德这种以人格结构理论来解释犯罪现象的取向对于其后继者的犯罪心理分析具有很大的影响。

“潜伏性少年犯罪”

瑞士的精神病学家艾希霍恩（A. Aichhorn）在对犯罪者的自我特征进行分析时提出了“潜伏性少年犯罪”的理论。他认为，初生婴儿是一种不合群的动物，家庭教养的作用就在于随着他们的成长，使他们进入适应社会的状态。在这个过程中，亲子关系十分重要。如果儿童没有与父母产生情感依恋，没有经历认同父母的人格特点的心理过程，没有习得像父母那样的心理控制能力与恰当的行为方式，就会具有犯罪的倾向，在一定情境刺激下就可能实施犯罪，这在青少年时期表现得更为明显。这种状态被艾希霍恩称为“潜伏性少年犯罪”。

具备潜伏性犯罪倾向的青少年具有的主要人格特征包括：认为满足自我的需要比他人的需要更为重要；以冲动性方式寻求需要的满足；只管满足其本能需要，而不管满足需要的手段的社会性质，不分对错，缺乏罪恶感受。

超我缺陷

精神分析者进一步提出了超我发展不足与犯罪之间的关系。导致犯罪的超我缺陷主要以三种形式表现出来。

发展不足的超我

艾希霍恩认为，犯罪少年有一种发展不足的超我，这导致他们长期保持幼稚的行为方式，难以控制本我的表现，按照“快乐原则”行动而构成犯罪。而其主要原因是他们缺乏父母之爱。英国精神分析学者弗里德兰德（K. Freidlander）则进一步提出，犯罪人由于早年的亲情剥夺或相对剥夺，与父母未能形成亲密的依恋关系，形成了无力的、有缺陷的超我。因为超我无力，不能控制本我冲动，从而演化为反社会人格，即以对外攻击来获得直接的满足。

严厉的超我

与无力的超我相反，有一些人的犯罪是在严厉的超我支配下实施的。一般而言，神经症病人的超我过于强大而严厉。在犯罪性神经症中，无意识冲突是在改变环境的尝试中“无意识显露的”，神经病症性犯罪人有一种惩罚性超我，体验着对压抑的童年愿望的极端无意识罪恶感，无意识显露的愿望是追求法律的惩罚。

越轨的超我

超我是儿童通过自居作用与父母认同而形成的。有的犯罪少年与父母的关系良好，也摄取了消极父母的犯罪特性，形成了越轨超我。其超我在形式上是正常的，只是在内容上不正常。他们不会因其犯罪行为产生内心冲突，没有罪恶感。精神分析家菲尔德曼（D. Feldman）提出了“超我空隙”（sperego gap）概念以解释超我缺陷对犯罪行为的影响：犯罪行为是由于超我意识受到了损害而出现空隙，或者因违法者在服从法律的规范性定向方面存在着不成熟性。它可能源于父母对孩子的潜意识纵容，即父母想从子女违法行为中获得冲动的代偿性满足。相应地，孩子就会为得到父母的赞扬而从事犯罪活动。于是，孩子的不完善超我就开始形成，出现了“超我空隙”，即缺乏控制社会所禁止的行为的能力。

可见，本能理论在解释犯罪动机时，强调人类在生物进化过程中具有的行为方式力量对人的行为冲动性的影响。它具体体现为：

- 本能力量强大、持续而广泛地作用于犯罪行为；
- 本能性犯罪动机具有及时快乐性与周期性特征；
- 本能与目的性相结合在行为中共同发挥作用；
- 与本能相伴随的罪恶感（如罪恶情结）、无意识的防御机制与人格（本我、自我与超我的冲突）是犯罪动机的重要体现；
- 精神分析特别强调性本能（“力比多”或“性力”）在犯罪动机体系中的价值。

“少年犯罪自我”的体现

美国临床心理学家雷德尔（F. Redl）等人在运用精神分析人格结构观点分析犯罪少年时提出了“少年犯罪自我”与“薄弱的自我”的

观点。提出“少年犯罪自我”的相关症状与人格特征：低的自我耐受力；对恐惧与焦虑的极端性反应；低的诱惑抵抗力；兴奋感染；缺乏对所有物的爱护；对规则与日常工作缺乏现实主义的态度；不能从经历中吸取教训；对失败过度恐惧；一时“成功”后就极度骄傲自满；易放弃或抨击错误的事件。

04

自卑与犯罪

阿尔弗雷德·阿德勒（Alfred Adler），奥地利精神病学家，人本主义心理学先驱，个体心理学的创始人，曾赞同弗洛伊德有关神经症问题的观点，但他也是精神分析学派内部第一个反对弗洛伊德心理学体系的心理学家（虽然其理论体系仍然属于新精神分析的范畴）。其代表作有《自卑与超越》《人性的研究》《个体心理学的理论与实践》《自卑与生活》等。他在进一步接受了叔本华的生活意志论和尼采的权力意志论之后，对弗洛伊德学说进行了改造，将精神分析由生物学定向的本我心理学转向社会文化定向的自我心理学，对后来西方心理学的发展具有重要意义。

在解释违法犯罪现象时，阿德勒的自卑与超越理论具有非常突出的地位。

阿德勒在修正经典的精神分析理论时创立了“个体心理学”，以自我在社会环境中面临的挫折、失败来解释个体的冲突与人格成长。他认为本我虽然具有强大的力量，但犯罪既不是由先天遗传本能决定的，也不是由后天环境决定的。不管遗传还是环境都没有强迫性的力量。犯罪心理是一种特殊的社会心理，是在“自卑与补偿”“追求优越”的持续活动中形成的。即犯罪是为克服自卑感而进行过度补偿的结果。此理论也称为犯罪权欲说。

自卑与追求优越

自卑感在个体心理学中是最基本的概念。在德国著名哲学家尼采“超人哲学”观念的影响下，阿德勒主张个体行为的动力因素是自卑与超越。此理论认为，人类的一切行为都受到“向上意志”或者“权力意志”的支配，人人都有一种战胜、征服别人等追求优越的动机。但是，由于受到主体与客体因素的影响，这种追求过程会受到阻碍，此时就会产生自卑感。人人都有自卑感，人人也就都有追求成功与优越的动力。这是构成人类精神生活的必要因素，犯罪人也不例外。犯罪人既不是疯子，也不是低能者，他们在追求成功与优越的过程中，由于不够了解社会要求，或主体的条件不足，所以，他们在追求的方向与方式方面出现了错误。正如其著作《自卑与超越》中指出的：“在罪犯的各种活动与态度中，都显现出他在挣扎地要成为优越，要解决问题，要克服困难。他与别人的不同之处不在于他没有这种追求，而只是他所追求方向的差异。当我们看出他之所以采取此种方向，是因为他不了解社会生活的要求和不关心其他同胞时，我们就会知道，他的行为是十分不明智的。”

对自卑感的补偿

阿德勒提出，个人的自卑感主要来自个人的身体缺陷（如体弱多病、器官缺陷、面貌丑陋等）、低下的社会经济地位和错误的家庭教育方式（如父母的教育过于严厉、冷酷无情或者放纵、娇惯等）三类因素引起。一般人出现自卑时会采取符合社会规则的适当补偿行为来克服自卑感，而有身体缺陷、接受错误教育、社会经济地位低下的人，受自身条件的限制，很可能采取对抗社会要求的过度补偿行为来克服自卑感。也即犯罪是行为人在追求自我超越的过程中，为克服极度的自卑感而进行“过度补偿”的结果。如自卑感导致的强奸行为中，犯罪人就有明显的克服自卑感与自身男子气概不足（内心恐惧情绪）的动机成分。

与此理论观点相关，犯罪的权欲理论非常重视对犯罪的预防与对犯罪人的矫治。犯罪人犯罪的根本动力来自自卑感，其根本问题是缺乏社会兴趣与合作之道。预防犯罪的途径就是找出罪犯在儿童时期所遭遇的合作障碍（尤其是有身体缺陷的儿童、被宠坏的儿童与受忽视的儿童），培养他们的社会兴趣与合作方法，这样就能够通过降低、克服其自卑感而预防犯罪的发生。

同时，在内心指向的自卑与努力实现超越的活动中，个体会自觉地（有意识地）或者自动地（潜意识地）采取自我防御机制来保护自我（心灵）。但是，在使用防御机制时，如果方式方法不对（过度依赖）或方向错误（损害他人或社会利益），则会导致违法犯罪行为的发生。

自我防御与犯罪

一些精神分析学者运用心理防御机制来分析犯罪人的犯罪心理与犯罪行为。在行为人的本我、自我与超我的人格冲突中，主体会采取无意识、刻板的心理防御机制来保护自我。而心理防御机制运用不当或运用过度可以成为犯罪心理发生与强化、犯罪行为发生的无意识动机来源。

犯罪行为是一种反社会行为，犯罪人在犯罪决意的动机斗争与犯罪行为实施的整个过程中都会自动地产生明显的内心世界冲突，并引起紧张、焦虑与恐惧的情绪，但是，在强烈的自我保护欲求的驱动下，犯罪人常常运用合理化、认同作用、反向作用等防御机制来缓解、曲解心理紧张。同时，自我防御使用不当（如过度地依赖心理防御机制来面对挫折、失败时），也会成为一种有意识或无意识地引起犯罪行为的机制。个体为了恢复心理平衡、维护自尊、缓解痛苦等使用某一防御机制时，如果不顾他人与社会的利益，采取了危害他人和社会的手段，就会直接引起犯罪行为。因此，不当运用心理防御进行自我保护而引起犯罪行为，也是犯罪心理、犯罪行为产生的一种机制。

最常见的可能引起犯罪行为的心理防御机制有以下几种。

合理化作用（Rationalization）

犯罪人在实施犯罪行为前、犯罪过程中会以一些似是而非的理由安慰自己，为自己的违法犯罪开脱，消除内心的不安和恐惧，以心安理得地去实施犯罪行为。美国精神分析倾向的犯罪学学者赛克斯（G. Sykes）和马茨阿（D. Matza）在对未成年犯罪进行心理分析时提出了犯罪合理化机制（或称为“中和技术”)：（1）否认责任。认为犯罪行为是偶然发生的，是在外部环境、情境力量的控制、被迫的情况下不得已才实施的。他们可能会用自己缺乏关爱与社会的其他因素来抵消自己应负的责任。（2）否认损害。认为自己的犯罪行为并没有对他人或社会造成损害，或认为损害不大。例如，认为偷窃车辆只是借用而已，打架斗殴是自己或自己的团伙解决问题的一种有效手段，强奸是女性也心甘情愿的事情，等等。（3）否认被害人被侵害。例如，认为自己偷窃是因为被偷人非常有钱，或者因为被害人本身有过错，对被害人实施暴力只是正当防卫，等等。（4）否定责难者。犯罪人不作自我反省，反而去责备那些惩罚他们的人。例如，认为警察腐败，教师处理事情不公，父母亲人不爱自己，以此转移对自己犯罪事实的注意力。（5）高度效忠团体。认为自己的犯罪行为只是遵守集体规则的表现，把自己所遵守的团伙规则置于社会公序良俗、法律之上。认为效忠某一团体是适应社会所必需的，而遵守其规则也是必需的，不需要为自己的违法犯罪行为承担责任。

投射作用（Projection）

犯罪人把自己的犯罪性观念、态度与恶劣的品行强加到别人身上，一厢情愿地认为大多数人与自己的想法相同，从而消除、降低对被害人的同情怜悯之心，消除内心的良心谴责与动机斗争，而决意实施犯罪。常见的情况是，强奸犯认为被害人是自愿地与自己发生性行为的。

认同作用（Identification）

认同作用引发的犯罪行为往往与行为人的挫折经验有关。他们在经历重大挫折时不采用社会规范允许的方式去应对，而是选择认同历史上、现实生活中那些侥幸得逞的消极人物、犯罪人，采取非法的、危害社会的方式来摆脱困境。有的甚至直接以文艺作品中，或者臭名昭著的反面人物、犯罪人物为“内心榜样”，从犯罪态度、犯罪方式上进行模仿，演化为持续的犯罪。此称为“犯罪者自居”。

此外，反向作用、过度补偿作用、压抑作用、退行作用等心理防御机制运用不当，或长时间依赖时，也可能在消极的心境与现实社会困境、极端化生活事件中引发报复性犯罪行为或变态的犯罪行为。

由此可见，精神分析学派作为20世纪以来心理学流派的重要代表，以人格结构与发展过程中各成分的冲突、罪恶感、自卑与超越、自我防御机制等理论来解释犯罪心理、犯罪行为的发生过程与机制。精神分析也成为犯罪心理分析的经典取向。同时，精神分析已经运用到对特定类型犯罪人的矫正与预防犯罪的社会活动中，具有独到的见解。例如，对犯罪人的矫正，重视法律的作用、提倡运用认同作用与升华作用等防御机制、重视人格缺陷的矫治等精神分析观点都具有特殊的应用价值。当然，精神分析以及新精神分析观点在性恶论基础上具有生物学化、非理性、神秘主义、偏激化思辨的倾向，它需要在实证主义的引领下进行客观而科学的反思、求证。

05

条件反射的犯罪

行为主义是西方具有重要影响力的心理学流派之一，它以客观外显的行为为研究对象，系统地开创了心理现象实证化科学研究的发展道路。

行为主义经过经典的行为主义时期（1913—1930年）[以华生（J.Watson）为代表，主张刺激与反应的联结]、新行为主义时期（1930—1960年）[以斯金纳（B. F. Skinner）等人为代表，强调行为结果反馈对行为的影响，并开始注意到把认知、动机等中介变量引入刺激与反应关系]、新的新行为主义时期（自1960年起）[以班杜拉（A. Bandura）为代表人物，提出了社会学习理论]三个阶段的发展，已经建立起完整的行为主义体系，并广泛应用于社会现象及犯罪行为的解释与预防、矫正中。

行为主义心理学以条件反射作用与社会学习原理来解释与研究人类的反社会行为、犯罪行为。具体体现为，行为主义以攻击性行为为切入点研究犯罪行为，揭示了攻击性行为及犯罪行为的激起、保持与自我调节的过程和内在机制，其犯罪心理学观点与行为塑造原理、技术也被广泛地运用于罪犯的行为改造以及犯罪预防。行为主义犯罪心理学的核心观点体现为强调犯罪行为的后天习得性以及犯罪态度、犯罪行为模式习得的机制。其中条件反射论及与其密切相关的差异强化理论、犯罪模仿论是行为主义关于犯罪行为机制的基本理论。

条件反射论

英国心理学家艾森克（H. J. Eysenck）于1964年根据巴甫洛夫的经典条件反射原理，提出了犯罪行为的条件反射论。艾森克提出，犯罪行为是特定环境条件与神经系统特征交互作用的结果。

与当代的很多犯罪理论不同，艾森克的条件反射论及人格理论着重强调反社会行为和犯罪行为的遗传倾向，主张人格的神经学基础是反社会行为和犯罪行为的重要决定因素之一。即人格的四维度因子（外向性、神经质、精神质与一般智力）的神经生理基础是特定的网络激活系统、中枢神经系统、自主神经系统与内分泌系统，它们都与犯罪行为的形成有着密切的联系。而且，环境、神经生理和人格因素的不同组合会导致不同的犯罪类型。

犯罪的条件反射学说提出，人的良心对于对抗犯罪心理、犯罪行为的产生具有突出的作用，而良心只不过是一种条件反射，它的形成是由于当儿童做了某种行为后，父母、老师或其他人给予时间上非常接近的惩罚。人的社会化就是朝向社会适应性正确方向的条件反射的形成，是学习社会规范的结果，也是对道德性与社会性行为的条件反射，而没有顺利完成这一过程的人就容易走上犯罪道路。

在这一道德—良心的条件反射形成过程中，行为人的神经生理因素起着重要的、潜在的制约作用。绝大多数犯罪人的大脑皮层唤醒水平较低，他们有强烈的寻求刺激的倾向，而冒险活动（如吸食毒品）、招惹是非与非法行为等都是具有高度刺激性的活动。他们较难形成良性的条件反射，而容易卷入法律纠纷之中。在实际的犯罪现象中，绝大多数的暴力犯罪人都是外向型的人。

神经质也是影响犯罪行为的重要人格变量。在神经质量表上情绪性维度得分高的人，在应激时会持续性地高度紧张：高情绪化的人较容易患上强迫症、恐怖症等，也容易在遇上困境、挫折时做出偏激的行为反应，犯罪行为就是其中的典型。也即高情绪化的人更可能会产生犯罪行为。

高精神质的个体具有冷酷、残忍、低社会性、非情绪性、漠视危险、仇视他人与行为怪异等特点，对他人怀有敌意以及喜欢愚弄和虐待他人。这些人格品质与“精神病态”的心理品质相联系，它们与其独特的人际特征一起，是引发犯罪行为重要的动力。对于精神质维度，虽然尚未建立能够完整地解释精神质特征的神经生理机制，但艾森克推断性地认为，行为人体内高水平的雄激素与低水平的单胺氧化酶和神经介质 5- 羟色胺在高精神质的形成中扮演了重要的角色。

智力因素在犯罪行为中起一定的作用，但它的重要性可能低于气质因素，主要影响体现于犯罪类型与作案手段、犯罪设计等方面。

因此，艾森克的条件反射论主张，犯罪行为是特定的环境因素与行为人神经生理机制相联系的人格品质交互作用的产物，这些人格品质会直接影响到犯罪行为的动力来源、犯罪动机的强度、对抗犯罪诱惑的能力（良心建立）以及犯罪类型选择等方面。犯罪的条件反射论以具有实证的经典条件反射原理为基础，将人格特质与环境因素置于交互作用的机制中探讨犯罪行为的产生，对后来犯罪人格学说也产生了较大的影响。

差异交往—强化理论

美国犯罪学家萨瑟兰（E. H. Sutherland）于1939年在其著作《犯罪学原理》中提出了不同接触论：犯罪或者越轨行为和其他社会行为的学习过程是一样的。关键的因素有人们交往联结的时间、意义、持续性与频率等。通过置身于亲密群体中，人们学会守法与违法的定义，学会了规范的意义和价值，学会了对违法行为支持或者反对的态度。一个人之所以越轨或犯罪，是因为在其头脑中，支持犯罪行为的理由远远地超过了支持遵纪守法的理由。其具体观点包括：

- 犯罪行为是学习获得的；
- 犯罪行为是在与他人的交往中经由学习获得的，这种交往大部分是言语的，也有行为的；
- 犯罪行为的学习过程主要发生于个人周围的亲密群体之中；
- 犯罪行为的学习主要包括犯罪态度、犯罪动机、犯罪技能与犯罪合理化等方面；
- 关于犯罪动机与态度的特定方向是从法律赞许或者不赞许的定义中学习而来的；
- 一个人之所以犯罪是他认为犯罪比不犯罪有利，也是他与特定类型的犯罪经常接触，而与对抗该犯罪的行为相疏远的结果；
- 犯罪学习会因为交往的频率、持久性、先后次序与强度而有不同效果；
- 犯罪行为的学习除模仿之外，还有其他的学习机制；
- 犯罪行为是个体一般需要和价值的显现，但不能单纯地由这些一般需要与价值解释，因为非犯罪行为也是个体同样的需要与价值的表现。

美国学者伯杰斯（R. Burgess）与艾克斯（R. Akers）试图整合斯金纳的行为主义、班杜拉的社会学习理论与差异交往理论，提出了发展性的差异交往—强化理论。其理论核心观点是，人们通过社会环境中的人际互动强化而习得越轨与犯罪行为。大多数的越轨与犯罪行为是通过操作性条件反射及强化原理而习得的，经典的条件作用的效应位居其次。此差异交往—强化理论关键性地区分了社会性强化与非社会性强化对于越轨、犯罪行为的不同影响：真实社会情景中的社会性强化效用远远大于非社会性强化；大多数的社会性互动强化都表现为对加入群体活动、认同群体规则或者符合群体期望的一种象征性或言语性的奖励（如“干得好”“好样的”“继续干”等赞许）。也即如果越轨、犯罪行为得到得了正当化加工与积极性赞许，越轨与犯罪行为模式就会保持并加强。

犯罪模仿论

个体行为的塑造可以通过直接经验获得，也可以通过间接学习或者观察学习的条件反射（S–R 法则、R–S 法则、S–O–R 法则）而获得。法国社会学家塔尔德（J. G. Tarde）以行为主义理论为基础，提出了犯罪模仿理论：所有社会生活中的重要行为与现象都是由模仿而获得的；犯罪行为也是模仿而来的。

犯罪模仿的具体法则同样遵循普通人际模仿的距离法则、自上而下法则、取代法则。

距离法则：人与人的距离越近，模仿影响力越大。犯罪团伙成员之间的犯罪态度与犯罪行为模式、犯罪技能的模仿程度较高；青少年同辈群体成员之间的影响存在着重要的模仿作用机制。

自上而下法则：青少年模仿较大年龄者或权威者，穷人模仿富人。年轻人、贫穷者与低社会阶层者的犯罪实际上（部分）是他们模仿较大年龄者（包括惯犯）、富人（包括欺诈型罪犯）与高社会阶层者（包括智能型犯罪人）的结果。

取代法则（插入法则）：当两种对立的风气与行为模式流行时，其中的一种可以代替另一种而成为主导的趋势。如在新的社会条件下，网络技术下的电信诈骗成为诈骗的重要类型，校园暴力、家庭暴力与职场暴力成为暴力犯罪中突出的类型。

新行为主义及新的新行为主义理论，实质上也强调模仿在行为模式获得与更新中的作用，只是在解释时更为精致和具体化。如班杜拉通过行为实验提出，观看成人殴打橡胶娃娃影像的学龄前儿童比观看积极行为影像的儿童，在观看影像后会模仿出更多的攻击性行为（身体攻击与言语攻击）。同时，这一理论主张，榜样在模仿者心中的地位越重要和越受尊敬，模仿者受到的影响越大。此类榜样包括父母、老师、同学、同伴、影视明星、艺术家、英雄人物、科学家等。而一旦社会反叛者、违法犯罪者成为个体（尤其是儿童和青少年）的模仿偶像，这些个体成为社会规范对抗者的可能性则会大大增加。例如，一个小孩子可能通过模仿电视明星学会如何开枪或暴力行为，随后他通过使用玩具枪来反复演练并固化开枪或身体攻击这种行为模式。而在青少年同辈群体中，同伴对于枪支或暴力的态度与具体方法也会起到极大的刺激与强化作用。这就是为什么虽然每一个人并没有真正地“瞄准与扣动扳机”，但却知道如何开枪、攻击的原因。这可能成为日后个体在面临重大挫折时，攻击行为产生的重要激发因素。

06

社会学习的犯罪

行为主义（心理学）以条件反射作用与社会学习原理来解释与研究人类的反社会行为、犯罪行为。行为主义犯罪心理学的核心观点体现为强调犯罪行为的后天习得性以及犯罪态度、犯罪行为模式习得的客观性机制。自 20 世纪 60 年代起，以班杜拉为代表的一批学者提出了社会学习理论，形成了新的新行为主义时期：以 S–O–R 为核心法则；以社会观察学习与自我效能感为核心概念。

社会学习的犯罪理论以攻击性行为为研究对象探讨人类越轨、犯罪行为的影响因素与发生机制：攻击行为与犯罪行为不是与生俱来的，而是后天通过直接经验、间接经验的学习获得的行为模式。

攻击行为的获得机制

攻击行为获得的途径有三种：观察学习、亲历学习和生物学因素的作用。观察学习是获得攻击行为的主要途径，通过观察学习过程中的榜样行为的注意、示范行为的保持、行为模式的生成（动作复现）与攻击动机等环节，渐渐习得攻击行为技能，了解攻击行为的后果，形成对攻击行为的一般态度。

个体攻击行为观察学习的榜样源于以下三个方面：

- 家庭成员。对于儿童和青少年而言，父母的攻击行为方式是他们直接学习的榜样；儿童和青少年在接受惩罚的同时，也学会了惩罚的方式。当父母有违法犯罪行为时，儿童和青少年则更容易受其影响，更易以暴力或欺诈的方式来应对自己遇到的社会挫折事件。
- 社区成员。社区文化氛围与具体成员的行为对个体的影响很大。在一个暴力行为、色情文化泛滥的社区中，暴力犯罪、性犯罪案件呈上升趋势并不是一个奇怪的现象。
- 大众传播媒介。现代社会大众传媒在短时间内可以传播大量的信息。通过电影、电视、书刊与新媒体（互联网等手段），行为人可以接触到很多的攻击行为方式，它们能够超越时间空间的限制，扩大榜样的范围，又具有丰富的形象性与快捷便利的特点，对人的影响特别大。例如，近年来，学者们对于电视节目中的暴力现象对人的攻击行为的影响进行了更为精细的研究，发现它的影响至少在四个方面是很突出的：直接传授了攻击行为的方式；弱化了个体对攻击行为的抑制力量；对暴力事件失去敏感性而变得习以为常；产生了对攻击行为的误解，以为攻击行为是生活中的必然行为。因此，过多暴力事件的电视节目或者网络视频，更可能提高暴力犯罪发生的比率。

攻击行为的亲历学习是直接经验的强化，个体通过一系列试误过程掌握攻击行为技能，也是个体通过对攻击行为过程与结果的体验而形成攻击行为的技能。由于攻击行为具有高度的危险性，研究者很难设计精密的实验来研究个体习得攻击行为的试误过程。有的学者则采用对儿童人格发展变化的个案观察结果分析儿童是如何通过试误而获得攻击行为方式的。

帕特森等的研究发现：在日常情境中，性情温顺的儿童往往被动地承受来自富于攻击性同伴的各种不当对待，但在某种特殊场合会奋起反抗，并意外地获得了成功而维护了自己的尊严。久而久之，这种偶然但成功的反抗经验，不仅增加了他们自卫的反侵犯性，而且使他们日后变得更主动地侵犯别人。他们从被动地承受别人攻击到主动攻击别人，经历了一系列试误的过程，偶然的成功体验强化了攻击行为模式，而那些从未反抗或者反抗失败者、一直逆来顺受的个体则没有习得攻击行为。

生物学因素在攻击行为的获得机制中，主要体现为个体差异性的生物学因素影响到主体对环境刺激因素产生有意识认知加工的过程，如对特异刺激的偏好选择、认同（其同化与顺适的程度与速度方面的影响）、主体心理加工（如强烈的期待心理）与环境因子的交互作用，以及内在的无意识机制下神经生理活动对产生攻击性行为的诱发等方面。这会影响行为主体在攻击、犯罪类型、犯罪方式及攻击的强度、持续性、改变难易程度等方面的差异。犯罪的生物学因素在攻击行为的获得机制，在精神疾病、无明确犯罪动机的攻击行为案件中表现得更为突出。近二十年来的现代犯罪生物学派以及犯罪人格理论在实证研究中更为具体地探索了神秘的生物学因素（如“战斗基因”“雄激素”等）对攻击行为、犯罪行为的作用机理。

攻击行为的启动机制

在获得攻击行为方式的前提下，个体攻击行为的实际发生还要依赖一些特定情景下的诱发因素。厌恶性启动者、激励性启动者、示范性启动者、胁迫性启动者与妄想性启动者，他们的启动机制各不相同。

厌恶性启动者：

- 暴力殴打的身体伤害。
- 言语威胁与侮辱。
- 生活条件的恶变。
- 行为目标受阻。
- 遭受故意阻挠。

激励性启动者：

- 行为人对攻击行为的主观积极性预期。人类攻击行为的绝大部分是由这些行为预期的积极结果促进的。

示范性启动者：

- 示范作用的暗示：攻击行为有利于问题的解决。
- 抑制解除：榜样的示范作用减轻或解除观察者心理上的恐惧感和罪恶感。
- 情绪唤醒：别人的攻击行为能够唤起观察者的相应情绪，从而增加其攻击行为。
- 刺激增加效应：别人的攻击行为企图通过刺激增强效应，增加观察者攻击的可能性。

胁迫性启动者：

- 训导性唆使者：强迫的命令。

- 惩罚的规则。

妄想性启动者：

- 精神疾病患者的超价观念。
- 被害妄想。

攻击行为的保持与自我调节机制

社会学习理论认为，个体攻击行为得以保持，除了攻击行为产生的外部强化（攻击得到直接或间接的好处、奖赏）之外，对攻击行为的替代强化（他人攻击行为后果对观察者的影响力）与自我强化（攻击者对自身发生的攻击行为的认可与内心接纳），也同样发挥着助长的作用。外部强化、替代强化与自我强化三者交织在一起，相互作用，共同激发着行为人的攻击心态。

攻击行为外部强化指攻击行为所导致的直接有利的结果，包括实物报酬（犯罪人通过抢劫、偷窃而获得的财物）、社会赞许（如犯罪成功之后在犯罪团伙中获得了更高的地位、权势或同伙的赞扬）、排除痛苦（如摆脱威胁或者侮辱的痛苦遭遇），以及被害人的痛苦表现（如在报复性犯罪中，被害人的痛苦会强化犯罪人的行为；在特定的施虐型变态犯罪人身上更是如此：被害人越是体现出痛苦，对犯罪人越是一种兴奋性的刺激，犯罪的伤害性就会越强）。

攻击行为的替代强化指实施攻击行为、犯罪行为受到奖励或惩罚的后果对观察者的影响。例如，法律通过严惩犯罪人而对潜在犯罪人有威慑作用，但有的犯罪人通过精心策划与反侦查技术成功地逃脱了法律的惩罚，则会对潜在的犯罪人有强化、助长作用。在法治不健全的社会中，观察学习的这种消极效应更为明显。

攻击行为的自我调节，指行为人根据自己设立的行为标准与行为预期，以自我奖罚的方式对自己的行为进行调节。这种自我行为的标准与道德教育、自我教育的效果（如自我谴责、良心不安等）以及特定的精神文化有关。如在一个崇尚武力的攻击性文化中，包括犯罪行为在内的攻击行为的成功，个体自然会因此感到骄傲与自豪，否则就会体验到强烈的耻辱而预备雪耻（可诱发进一步的犯罪行为），单纯的武力文化成了保持与调节攻击性行为的内在源泉。

因此，攻击行为（包括犯罪行为）就是通过这些心理机制而获得启动并保持下来的，行为主体在攻击行为的学习过程和诱发过程中起着重要的作用。

由此可见，行为主义以条件反射原理与社会学习原理为基础，以模仿机制、条件反射原理、差异交往—强化理论、社会学习理论来解释犯罪、预防犯罪及矫正犯罪行为。其中，核心的观点为犯罪行为是后天习得的，也可以通过对犯罪行为人、环境的干预而使犯罪行为、犯罪人得到有效控制与改造；其中核心概念是犯罪行为强化（正强化与负强化）与惩罚（正向惩罚与负向惩罚）。

行为主义犯罪心理学理论的重要贡献在于以客观化实证的方法探索犯罪行为的形成过程与机制，开创了犯罪心理学科学化的发展道路，并在司法实践中进行犯罪预防与犯罪人改造的检验，也取得了富有成效的成果。例如，行为分析成为现代犯罪心理画像技术的主导性策略；又如，导致攻击行为的情绪唤醒时间、攻击技能、预期的结果、行为与价值观念的一致性等要素可以直接应用于人类暴力犯罪行为的预防与犯罪人改造，以操作性条件反射原理为基础的西方改造环境中的“代币制”也实际地发挥了积极效果。行为主义仍然是当今西方心理学与犯罪心理学理论的主流。但它在一定程度上（尤其是早期阶段）排斥人类道德、情感、自我意识等高级心理现象，这是一个研究方向和内容上明显的缺陷。这种以动物研究取向、机械决定论的倾向，以及忽视人类文化差异、特定情境的影响力等方面的问题，引起了研究者的抨击与研究方向上的反省。

07

利欲驱使的犯罪

人本主义心理学是现代心理学的“第三势力”。它主要关心整体人的能力和潜能，着重对爱、创造性、自我、成长、基本需要、自我实现、较高的价值、自发性、情感、责任心、公平、心理健康等积极性概念的探讨与分析。人本主义犯罪理论认为，人性中存在着积极的、善的潜能，人不是作为违法犯罪者而出生的；犯罪是个体潜能在社会环境中受到阻碍后的消极表现。其代表的理论有马斯洛的需要层次理论与自我实现理论、罗杰斯的自我理论。其在犯罪心理学理论中的集中体现是犯罪利欲说及罪犯心理服务观。

犯罪动机是犯罪心理与犯罪行为的核心。犯罪动机作为犯罪心理、犯罪行为的支配力量，其核心成分来源于人的需要，是消极性需要与具体犯罪目标的紧密结合。犯罪利欲说是以人的需要层次理论来解释犯罪动机的本质与来源的。

需要理论中集大成者是人本主义心理学家马斯洛。他提出了著名的需要层次理论：人类的需要是有层次的（基本需要层次）；需要分为缺失性需要与成长性需要；较低层次的需要得到满足或者部分满足，位于其上的需要就会自然出现。相应地，需要是动机产生的基础，需要也是导致犯罪动机的基本来源。即犯罪动机与犯罪行为是行为人的基本需要没有得到基本满足，以及期待自我需要过度满足的消极性后果。

人的需要本身基本是中性的（极少数除外），但当它们与犯罪意念（犯罪观念）或者犯罪目标及满足方式相联系时，就都有可能成为具有主观恶性与客观危害性的犯罪动机。

- 犯罪的生理动机：财物占有动机、攻击倾向性动机、生存动机。
- 犯罪的安全动机：报复动机、恐惧动机、征服动机。
- 犯罪的归属动机：自我中心的情感动机、嫉恨动机、控制动机。
- 犯罪的自尊动机：自我价值动机、显示逞强动机、自尊动机。
- 犯罪的认知动机：好奇动机、探究动机、个人化成就动机。
- 犯罪的审美动机：野性崇拜动机、勇敢动机、侠义精神动机。
- 犯罪的自我实现动机：政治动机、宗教动机、虔诚动机、迷信动机、偏执信念或邪教动机。

这些犯罪动机，直接受到需要层次本身特性的影响，可以区分为缺失性犯罪动机（犯罪的生理动机、安全动机、归属动机、自尊动机）与成长性犯罪动机（犯罪的认知动机、审美动机与自我实现动机）。缺失性犯罪动机占犯罪动机的绝大部分，成长性犯罪动机只占很小一部分，而且它更需要社会环境中文化性、精神性因素的支持才能产生与演化，处于犯罪动机的更高层次上。这种犯罪动机的层次关系，类似于需要层次的上下位关系：较下位的犯罪动机与原始性的、传统型的犯罪关系密切，较高位的犯罪动机往往与智慧型、时代特征明显的犯罪相联系，并对犯罪人内心世界与外部行为具有更为广泛、深刻而持久

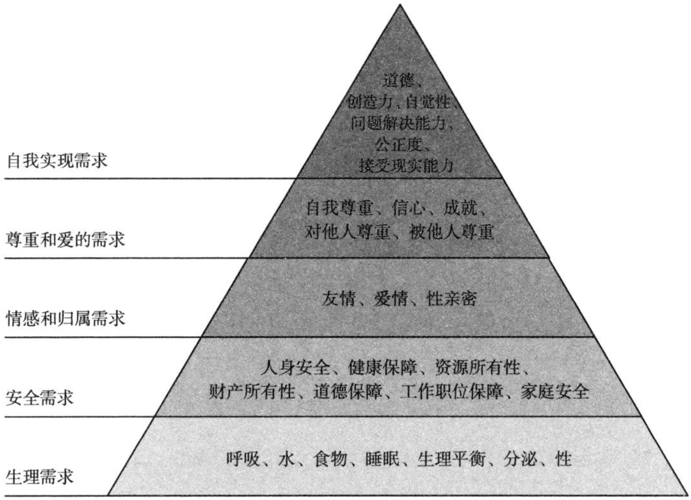

马斯洛需求层次理论（1943 年版）

的影响力。在犯罪群体（组织）的发展过程中，也可能呈现出由低位动机向高位动机发展或者混合的趋势。同时，每一层次中的犯罪动机可以依据其强度与心态偏离程度的不同体现为从常态性动机到变态性动机的量与质的差异状态。

以个体的需要层次理论来理解犯罪动机，强调对个体需要的满足是犯罪行为的原动力：

- 人的需要是犯罪动机的基础，没有需要就不可能出现犯罪倾向；
- 人的需要是有层次的，不同层次的需要与需要强度可能引发不同类型、方式的犯罪行为；
- 基本生理需要缺失与生存有关，而高级需要与成长有关，这直接体现于犯罪动机的回避动力倾向与趋向动力倾向；
- 人的需要与外界因素产生相互作用，共同影响犯罪行为的发生；

- 人的需要具有强度与个体上的差异，这导致犯罪动机具有差异性；
- 人的需要具有类本能与交互作用的特征，这是人的犯罪动机的攻击性与其他动物攻击性的本质差异。

可见，犯罪动机利欲说，就是以人本主义心理学的需要理论为基础理论解释犯罪动机，而且个体犯罪动机的形成发展与犯罪人格的形成发展具有趋同性，两者在本质上是相一致的。行为人的人格由以需要、动机、价值观为核心的动力系统与以性格、气质与能力为核心的特征系统组成。犯罪人格的构成要素也是如此：犯罪动机是激发与强化训练犯罪行为的动力，犯罪动机使犯罪行为得以完成，积极的犯罪体验得以在行为结果中强化，它与需要、价值观念一道成为犯罪人格形成与发展的动力系统，它推动与强化着犯罪人格。

与犯罪动机利欲说相适应，人本主义心理学以需要层次理论与自我理论为指导，构建了富有成效的“以人为中心”的犯罪人心理服务理念与策略。其核心观点包括以下几个方面：

第一，尊重与满足犯罪人的基本需要。

虽然满足行为人基本的需要不能保证其不去实施违法犯罪行为，但可以减少、消除其因低级需要而引起的冲动性犯罪，如暴力犯罪、掠夺性犯罪（工具性犯罪）与性犯罪。同时，低级需要的基本满足可以激发行为人从低级需要向更高级需要的发展，而在家庭、亲友与社会资源的积极支持下，唤醒行为人去实现自己更高级需要的动机，从而以道德的方式去实现自己的价值。正如马斯洛在分析犯罪青少年时指出：“所有的罪犯都不满他们在儿童时代的待遇。他们的老师不公正，他们的父亲不真诚，他们的母亲是一个坏女人，还有其他各种各样的不满——所以他们要进行反抗……他们在每次犯罪后的服刑时内心都充满着强烈的仇恨与愤懑。有些人急于出狱，以便能再次证明他们仍然是一个不公平制度的反叛者。”

第二，强调犯罪人自我的决定性作用。

犯罪人的心理与行为改造，起决定作用的是行为人自己，而不是传统的精神分析或者行为主义所主张的外部指导力量。自我是其人格的主导力量，是决定自己生活命运的核心，只有犯罪人自己才能挽救自己，使自己重新回到正确的道路上。在心理服务人员的启发与引导过程中，犯罪人渐渐地觉悟自我的真实个人价值与社会意义，从而激发内心蕴藏的自觉力量，发掘自己的潜能，以符合社会规则的方式去实现自我的潜能目标与个人价值。心理服务人员的专业技术很重要，但它们只是起到引导、帮助的作用，心理服务人员也不是居高临下的指导者与监督者，他们只是帮助者。更为重要的是犯罪人对自我价值与潜能的重新认识，依靠自己内心的力量重新指引自己生活的方向。

第三，对犯罪人的“无条件的积极关注”。

对犯罪人的帮助过程，以“无条件的积极关注”为基本策略，以真诚的、尊重的积极情感去面对犯罪人的具体问题。这是建立心理服务人员与犯罪人积极的信赖关系的前提，也是心理服务能够产生激发作用而使他们重新树立起“社会的、自我的责任心”的关键所在。这种关注既包括犯罪人的较低级需要，如基本的生存性物质需要的实现，更指向更为高级的心理需求，如安全感的获得，人际关系的改善，认知、审美的要求，高位的自我潜能实现，以及对于罪犯将来生活规划的关注，如回归社会后的适应与社会技能培养。犯罪人能够体会到真正的关心与真诚的情感就可以激发起内心善良的潜能，而持续地发挥积极向上的力量。

人本主义心理学是在西方反省以神经症为研究对象建立的精神分

析理论与以动物为研究对象建立的行为主义心理学理论的过程中，在人本主义哲学思想的影响下建立起来的以正常人为对象，以理性思辨与实证相结合的方法而建构起来的理论体系。人本主义犯罪心理学理论以行为人（包括犯罪人）“性善论”为哲学假设与逻辑起点，反对行为主义，反对精神分析的反理性，具有积极意义。该理论认为人性的内在善良与自我潜能、自我价值的挖掘状态直接影响到个体行为的善恶方向与性质。在犯罪动机分析与罪犯改造中运用需要层次的调节与自我价值、自我实现的内在力量进行自我反省、自我改造；在犯罪的社会预防中同样强调公民作为社会人的理性、道德化力量、自我指导的作用，以及社会支持的重要性。这些正是人本主义犯罪心理学理论与思想带来的对于犯罪人、犯罪行为重新探索的新曙光、新方向。但其理论体系还不够完善，片面强调天生潜能的作用，有主观唯心主义的倾向，其研究方法也存在着偏重于思辨性而实证性不足的缺陷，在应用心理学及犯罪心理学领域，更多的是以一种观念、理念与思潮的形式发挥作用。

08

道德弱者的犯罪

认知学派的理论是关于人类认知过程及其对社会行为关系的理论，代表性的有瑞士心理学家皮亚杰（Jean Piaget）的发生认识论与美国心理学家科尔伯格（L. Kohlberg）的道德认知论。

皮亚杰的突出贡献在于对儿童思维发展及道德判断的研究，建立了著名的发生认识论：他主张智慧的本质就是适应，适应是在图式、同化、顺应基础上的机体与环境之间平衡；智慧是主体建构发展的（结构论）；智慧的发展分为由低级向高级发展的感知运动、前运算、具体运算与抽象运算四个阶段。

对于个体道德判断的发展，皮亚杰通过间接故事法研究后提出，与个体的认知发展相平行，儿童的道德发展进程可以在他们的认知发展中找到根据；个体道德判断的发展遵循着从他律向自律的路线：前道德阶段（5 岁以前）、他律道德阶段（6—9 岁的道德实在论阶段）、自律道德阶段（9—11 岁开始进入道德主观主义阶段）。

科尔伯格在皮亚杰认知理论（尤其是道德判断研究）的基础上，以“道德两难故事”方法研究个体道德认知发展的规律。1969 年在其著作《道德思想与行动发展的阶段》中提出了三级水平六阶段的道德认知发展模式。

科尔伯格的研究方法是“道德两难故事法”，其中最经典的一个故事是“汉斯偷药”。故事的主要情节是这样的：欧洲有个妇人得了癌症，生命垂危。医生认为只有本城一个药剂师发明的药才能治好她。病妇的丈夫汉斯找到药剂师，却被索价 2000 元，这个价格足足高出了成本价的十倍。汉斯只能到处借钱，可最后只凑够 1000 元。汉斯不得已，只好恳求药剂师，便宜一点卖给他或者允许他赊账，以便能快点救活妻子。但药剂师一口回绝他，说：“不成！我研制此药就是为了赚钱。”汉斯因此走投无路，于是乎他想到了一个办法，在月黑风高的晚上，撬开药剂师的门，为妻子偷来了药。

故事讲完以后，研究者会向被试提出问题：这个丈夫应该这样做吗？科尔伯格带着问题，采用纵向法，对 72 名 10—26 岁男孩（或男人）的道德判断进行长达 10 年的跟踪测量，并将所得结果在其他国家进行验证。最终，科尔伯格于 1969 年提出三水平六阶段道德发展理论，如下：

1. 前习俗水平（0—9 岁）

这一水平的人的道德判断着眼于人物行为的具体结果和自身的利害关系，包括两个阶段：

（1）服从与惩罚的道德定向阶段

这一阶段的人以惩罚与服从为导向，由于害怕惩罚而盲目服从成人或权威。道德判断的根据为是否受到惩罚，认为凡是免受惩罚的行为都是好的，遭到批评、指责的行为都是坏的，缺乏是非善恶的观念。所以这个阶段的人会回答不该去偷药，因为偷药会受到惩罚，是不好的。

（2）相对功利道德定向阶段

这一阶段的人对行为的好坏的评价首先是看能否满足自己的需要，有时也包括是否符合别人的需要，稍稍反映了人与人之间的关系，但把这种关系看成类似买卖的关系，认为有利益的就是好的。所以他们在回答之前会想知道汉斯的妻子对他好不好。如果好，他们就觉得汉斯应该偷药，因为把妻子救活符合他自己的利益；如果不好，他们就觉得汉斯不应该偷药，因为不符合他的利益。

2. 习俗水平（9—16 岁）

这一水平的人的特点是：能了解、认识社会行为规范，意识到人的行为要符合社会舆论的希望和规范的要求，并遵守、执行这些规范。包括以下两个阶段：

（1）寻求认可（或好孩子）定向阶段

此阶段的人以人际关系的和谐为导向，对道德行为的评价标准是看是否被人喜欢，是否对别人有帮助，是否会受到赞扬。为了赢得别人的赞同、当个好孩子，就应当遵守规则。所以这个年龄段的人会想知道其他人是怎么看的。如果大多数人都支持汉斯偷药，那么他们就觉得应该偷药，因为偷药符合大家的意见；如果大部分人都反对汉斯偷药，那么他们也会觉得不应该偷药，因为偷药不符合大家的意见。

（2）维护权威或秩序的道德定向阶段

此阶段的人以服从权威为导向，服从社会规范，遵守公共秩序，尊重法律的权威，以法制观念判断是非，知法守法。所以处在这个阶段的人会回答不该偷药，因为偷药触犯了法律，是不好的。

3. 后习俗水平（16 岁之后）

该水平的特点是：道德判断超出世俗的法律与权威的标准，而以普遍的道德原则和良心为行为的基本依据。包括以下两个阶段：

（1）社会契约定向阶段

这一阶段的人认识到法律、社会道德准则仅仅是一种社会契约，是大家商定的、可以改变的，一般他们不违反法律和道德准则，但不会用单一的规则去评价人的行为，会表现出一定的灵活性。所以他们会觉得既然汉斯偷药救人会触犯法律，那么说明现在的法律考虑得还不够多，应该进一步修改。

（2）普遍原则的道德定向阶段

此阶段的个体判断是非不受外界的法律和规则的限制，而是以不成文的、带有普遍意义的道德原则，如正义、公平、平等、个人的尊严、良知、生命的价值、自由等为依据。在这个阶段的人会认为人类普遍的道义高于一切，没有什么是比人的生命更加重要的，所以他们会认为汉斯无论如何也该去偷药。

科尔伯格认为，人类道德发展的顺序是固定的，发展阶段既不能前后倒置，也不能倒退，但并不是所有的人在同样的年龄都能达到同样的发展阶段，每个人能达到的最高水平也存在差异。许多人永远无法达到道德判断的最高水平，有些成人的道德认知也仍然处于前习俗水平。科尔伯格进一步研究了行为人的道德发展水平与犯罪行为之间的内在关系。

认知学派的犯罪心理学理论以犯罪人与非犯罪人的智力差异比较为开端开启了犯罪的认知研究，如早期的犯罪人“低能论”，进而探索以智慧发展为基础的道德水平（道德认知、道德情感与道德行为）发展对犯罪心理、犯罪行为的影响。道德发展滞后理论是当代犯罪认知学派的代表性理论。

科尔伯格及其他一些研究者在皮亚杰道德判断研究的基础上，开展了行为人道德认知水平与犯罪行为之间关系的研究，而形成了道德发展滞后说。即道德发展与违法犯罪之间存在复杂的关系；道德认知与道德情感发展的相对落后与低水平可能直接或者间接地成为犯罪行为发生的（隐蔽的）内在动力。

行为人的道德认知发展处于较低水平与其犯罪行为之间存在相关

1969 年，科尔伯格通过让法官判断犯罪人对其犯罪行为的道德评价，发现所有犯罪人的道德发展都处于道德认知发展理论中的第一级与第二级水平。1973 年，他在题为“青少年犯罪人中的道德判断”的研究报告中指出，在对比社会背景相同的犯罪和非犯罪人后，发现大部分少年犯罪人道德发展处于第一阶段、第二阶段，而大部分（75%）非少年犯罪人则处于第三阶段、第四阶段。

心理学学者阿巴里诺（J. Arbuthnot）等人在对比研究 19 项使用科尔伯格研究方法对犯罪人与非犯罪人道德认知发展的研究之后指出，少年犯罪人的道德发展存在延缓的现象，他们的道德成熟度低于守法的少年：在年龄、性别、智商和社会经济地位相同的情况下，少年犯罪人的道德谈话成熟度得分明显低于守法少年的得分。

道德水平与犯罪行为的关系与犯罪类型之间存在着交互影响

桑顿（D. Thornton）等在研究中发现，与轻率性的犯罪（如不涉及物质利益的伤害）相比，进行深思熟虑的犯罪（抢劫、夜间偷盗）

的累犯的道德推理更可能处于前习俗水平。也即深思熟虑的犯罪与较低道德认知水平有关，而轻率性犯罪则与道德认知发展水平的关系不大。我国有学者使用科尔伯格的研究方法，对 88 名服刑犯人进行研究，得出了一致的结论：罪犯的道德认知近乎全部（98.8%）处于第一级和第二级水平；罪犯道德认知水平与犯罪类型有关：暴力犯罪、盗窃犯罪与较低的道德认知水平有关（他们处于道德发展第一阶段的比例达到 43.2%）。

当然，也有研究认为，道德思维与道德行为之间并不是一种简单的关系，也不是一种直接的关系。詹宁斯（W. S. Jenning）等人指出，由于道德认知水平与犯罪行为之间的关系过于复杂，以至于现有研究不能证明原因性主张的正当性，这种关系充其量提供了一种必要的但不充分的条件。少年犯罪并不是不道德行为的同义词；道德发展阶段与身份犯罪（即因为少年的特定身份而被法律规定为犯罪，如美国多数州规定 18 岁以下饮酒行为属于违法犯罪行为）之间的关系、道德推理与道德推理削弱时发生的犯罪行为之间的关系仍然不清楚。

道德推脱与犯罪行为的关系

近年来，国内外研究者开始以道德推脱为主题变量研究犯罪人的道德水平、状态与犯罪行为之间的内在联系。

道德推脱（moral disengagement）指个体为了摆脱内心的谴责，对自身违反道德标准的行为进行合理化建构的过程，它是个体产生的一些特定的认知倾向，包括重新定义自己的行为使其伤害性显得更小，最大程度地减少自己在行为后果中的责任，或者降低对受害者痛苦的认同。

个体的道德推脱水平主要受以下几种因素的影响：性别、年龄和受教育程度是研究者极为重视的变量（如男性高于女性；受教育越低，道德推脱水平越高）；个体特征变量影响其道德推脱水平（个体的移情水平和道德认同对个体道德推脱水平有显著的负向影响）；个体所处的环境（尤其家庭环境是影响其道德推脱水平的重要因素：父母积极的教养方式会抑制儿童道德推脱水平的发展，而父母的虐待会提升儿童的道德推脱水平）。

当个体违反其内部道德标准时，可以通过道德推脱使道德的自我调节功能失效，进而摆脱内疚和自责，因此，具有高道德推脱水平的个体更有可能做出不道德甚至犯罪的行为。研究中一般采用道德推脱问卷（Moral Disengagement Scale，MDS）来测量其道德推脱水平。

道德推脱与青少年反社会行为

大部分关于道德推脱的研究都是以青少年为研究对象的，这些研究表明道德推脱是反社会行为发生的一个重要风险因素，高道德推脱水平的青少年更可能参加到反社会行为的活动中。在以青少年为被试的研究中，发现道德推脱与攻击行为、欺负行为、青少年违法行为之间具有正相关。而且，马里内拉·帕西埃罗（Marinella Paciello）等人进行的一项纵向研究发现，随着青少年步入成人阶段，道德推脱水平的降低会促使反社会行为的减少。国内有研究者以青少年、大学生为样本进行施测，也发现道德推脱对攻击行为具有显著的正向预测作用。

道德推脱与犯罪行为

近年来，国内外研究者开始关注罪犯的道德推脱与攻击行为的关系。与一般人群相似，高道德推脱水平会促使反社会行为的发生。斯塔夫罗斯（Stavros P. Kiriakidis）采用结构访谈法和问卷调查法对 152 名男性罪犯进行了道德推脱的研究，研究表明，与正常人相比，罪犯具有更高的道德推脱水平。乔伊·伍德（Joy L. Wood）等人于 2009 年研究男性成年犯的道德推脱与暴力行为之间的关系，发现卷入帮派活动的罪犯总刑期更长，有更多暴力行为和高道德推脱水平，道德推脱在帮派行为和暴力行为之间起部分中介作用。高玲等人于 2012 年以 424 名男性成年犯为被试，发现道德推脱对攻击行为有显著的正向预测作用。伊丽莎白·舒尔曼（E. Shulman）等人于 2011 年首次对 1169 名男性重罪未成年犯进行纵向研究，发现道德推脱水平的降低能够促进反社会行为的减少，并且在控制了潜在的冷酷无情特质（CU）之后这种关系依然存在。

因此，道德推脱对未成年人的攻击倾向和罪错行为有显著的正向影响（促动作用），对未成年人的亲社会行为和内疚感有显著的负向影响（障碍作用），并且道德推脱可以通过攻击倾向、内疚感等中介作用进而直接影响越轨行为。未成年犯的道德推脱水平显著高于一般未成年人。青少年早期的道德推脱水平可以成功预测其以后的攻击行为和暴力行为发生的频率。个体 18 岁时的道德推脱水平与其越轨行为和暴力行为之间存在显著的正相关，并且可以很好地预测其 20 岁时的犯罪行为和暴力行为。

09

什么是犯罪思维模式

犯罪动机与犯罪行为的一般认知观点来源于托尔曼（E. Tolman）、勒温（K. Lewin）、费斯汀格（Festinger）与韦纳（Weiner）等学习理论家、人格理论家与发展心理学家、信息加工心理学家的观点。

20 世纪五六十年代，由于认知科学领域的巨大进展，以认知过程为基础解释人类行为的产生成为心理学研究的重要取向，对攻击行为的研究也受到该趋势的影响，其中以社会信息加工理论的研究最为突出。社会信息加工理论（social information processing theory）以认知信息加工理论为基础，认为个体是通过社会认知过程引发行为的，对攻击行为来说，个体对面临的社会情境的认知过程是攻击行为产生的基础。例如，道奇在 20 世纪 80 年代提出的儿童攻击行为的社会信息加工模型（social information processing model）表明：人对挫折、愤怒或者明显的挑衅的反应不仅依赖于情境中出现的社会线索，而且依赖于个体对这些线索的信息加工或解释。道奇将攻击行为产生的认知加工过程分为六个阶段，依次是线索编码、线索解释或表征、澄清目标或选择目标、搜寻或建构新反应、评估与决定行为反应、启动行为。

在这种信息加工理论的影响下，在犯罪动机认知理论中，更为直接地探讨犯罪与认知之间关系的关键概念正是犯罪思维模式。

犯罪思维模式是促使犯罪人实施犯罪行为的独特的认知模式，是具有犯罪倾向的极端而典型的思维模式。作为犯罪动机的认知成分，它具有直接的激发犯罪行为的动力。自 20 世纪 80 年代以来，这一理论已经在犯罪认知学派中具有突出地位。

犯罪思维模式的研究以美国精神病学家萨米诺（Stanton Samenow）为典型。该项研究表明，这种思维模式具有以下特征：

- 孤立与极端化的认识：思维缺乏内在逻辑性和一致性，孤立地看问题，寻求感官上的强烈刺激，思维封闭固执，容易对挫折、失败产生“灾害化”的看法。对挫折、失败的错误归因，具有偏激的认知以及直截了当摆脱困境的倾向。对于犯罪人来说，生命就像是一连串的愤怒的反应，是超越小人物（自身弱小者）的恐惧反应。
- 极端的支配欲与控制欲：有一种对他人不可遏制的支配欲望，追求绝对的支配地位；当不能满足这种支配需要时，就觉得自己被打败了，这是一种不可接受的侮辱。
- 性情多疑惧：对别人缺乏信任感；不相信别人，却要求别人依赖自己。
- 情感冷漠：是典型的自我中心主义者，有时候又多愁善感、傲慢无礼。
- 具有一般的智力水平。
- 在道德感方面也有缺陷，表现为经常性逃避道义责任，自私自利，不太关心法律规定。

犯罪思维模式在行为人身上一般在青少年时期就会有所表现（如各种越轨行为、自私行为等），但在变态心理犯罪（如偏执型人格障碍的犯罪）中表现得更为明显与突出。这种认知模式与犯罪人的犯罪目标价值相结合往往会导致犯罪人的犯罪生涯的持续与凶恶性的强化。因此，这种独特的认知加工倾向所形成的思维模式，其一种特征或者多种特征的组合，对于分辨挫折现象，对于处理与周围人的关系及确立自己的生活目标，都具有潜在的、消极的指向意义，是诱导犯罪行为的动力之一。而且，受到思维模式形成的无意识（内隐性）机制的影响，行为人对自身具有的这种消极性、破坏性思维模式并不具有清醒分辨能力，但它会自动地、强有力地发挥认知支配作用。

萨米诺等人持续进行关于错误思维与犯罪人格关系的研究，在著作《犯罪心理分析》中他进一步明确指出了犯罪思维模式（行为人）的典型特征：

- 缺乏伤害他人的概念；
- 承认自己是罪犯，却在被追究责任时指责他人；
- 具有隔绝道德观念的能力；
- 拥有极端的权力意识；
- 具有独一无二的意识；
- 缺乏服从的观念；
- 具有隔绝恐惧的能力。

20 世纪 80 年代，一些有信息加工倾向的认知心理学家也在研究行为人的认知（过程）缺陷与犯罪的关系，如注意偏向、归因偏差、认知决策（风险决策、情感决策、主观抑制）与犯罪之间的关系。

从20世纪90年代以来，犯罪思维模式的研究与犯罪性人格（H. J. 艾森克的研究）、反社会型人格障碍［克莱克利（Harvey Cleckley）的研究］、精神病态（R. 黑尔的研究）等相关心理现象的研究相结合，以及运用现代神经科学技术，共同探讨特定思维模式、人格特征、精神疾病等认知模式、特征在犯罪动机产生、犯罪行为发生中的作用。

犯罪人是理性与非理性的结合体，犯罪行为在绝大多数情况下是行为人理性选择的产物，在较少的情况下，是行为人非理性认知的体现。相应地，同为犯罪动机认知成分的犯罪思维模式与犯罪合理性、犯罪自我效能感等，在发挥其犯罪行为激发与维持力量的过程中，同时存在着意识要素与无意识要素，并且体现为犯罪人认知的复杂性（理性的犯罪决策与非理性的犯罪冲动的复合体）。

10

脑神经功能异常与犯罪

自20世纪70年代以来，随着脑神经科学的快速发展，在犯罪起因的探索中形成了具有鲜明自然科学特征与时代特点的神经犯罪学的观点。它在传统的犯罪生物学、犯罪精神病理学的基础上，更为精准化地探索犯罪（尤其是暴力犯罪、本能犯罪、病理性犯罪）的终极起因，成为犯罪认知学派的主流观点与技术取向。虽然目前并没有形成统一完善的理论体系，也存在着一些不同的意见，犯罪神经学已经成为犯罪心理学实证研究中的前沿领域，脑神经结构与功能异常成了该领域研究的焦点。

20世纪70年代后，神经科学和脑成像技术的发展极大地推动了活体人脑形态和功能的研究，神经犯罪学研究也开始关注与犯罪行为有关的脑结构与功能异常。

测量脑结构的神经影像学技术有电子计算机断层扫描（computed tomography，CT）和磁共振成像（magnetic resonance imaging，MRI），正电子发射断层扫描（positron emission tomography，PET）、单光子发射计算机断层扫描（single-photon emission computed tomography，SPECT）、功能性磁共振成像（functional magnetic resonance imaging，

FMRI）常被用于检测特定脑区的功能。

现有的犯罪生物学研究中，攻击与暴力犯罪的神经基础最受关注，因此，持续暴力犯罪人中的两类人群——反社会人格障碍者和精神病态者成为脑成像的主要研究对象。大量脑成像研究表明，前额叶皮层与杏仁核两部分脑区与攻击行为、暴力犯罪有密切的关系。

前额叶皮层（prefrontal cortex）与攻击行为

前额叶位于前额的正后方，主要负责计划和决策等高级执行功能（executive function），如维持注意力、自我监控、抽象推理、延迟满足和抑制冲动等。前额叶皮层（PFC）指初级运动皮层和次级运动皮层以外的全部额叶皮层，占人类大脑皮层的三分之一的面积。前额叶皮层分为 3 个子区：背侧前额叶皮层（DMPFC）、腹内侧前额叶皮层（VMPFC）和眶额皮层（OFC）。前额叶皮层的技能具有不对称性，左侧与积极感情有关，右侧与消极感情有关。前额叶使个体能够对攻击挑衅刺激做出解释、判断和思考，并做出反应，而执行功能受损，可能导致个体难以控制自己的攻击性。英国犯罪学专家瑞恩（A. Raine）等人采用 MRI 对有暴力行为的反社会人格障碍的患者进行扫描，发现反社会人格障碍患者的前额叶灰质体积比对照组少 11%。**多项研究的结果提示，前额叶的功能异常与攻击及反社会行为相关，特别是局限性眶额皮层的损伤与攻击性增加密切相关。**瑞恩等学者对 43 项前额叶结构和功能成像研究进行元分析，发现反社会者表现出显著的前额叶结构和功能下降，累及的部位包括眶额皮层、背外侧额叶和前扣带回。

杏仁核（amygdala）与攻击行为

杏仁核位于颞叶，是边缘系统的重要组成部分，参与觅食、防御、攻击、情绪反应和生殖行为等与物种生存相关的功能活动。杏仁核与负性情绪的学习密切相关，并在情绪和社会性行为中起重要作用。布莱尔（R. Blair）认为，杏仁核能够使个体在社会化过程中学会避免伤害他人的行为，如攻击性言语或举动。同时，杏仁核与面部表情的识别密切相关，大多数人能够根据他人的表情，如被攻击时的恐惧或者愤怒，对自己的行为做出相应调整。当情绪越不易理解，即情绪加工过程越困难时，杏仁核的激活程度越强。功能性磁共振成像研究发现，与正常对照组相比，精神病态者的双侧杏仁核的体积显著缩小，并与精神病态评分呈正相关。也即**杏仁核受损的个体，无法准确识别他人的恐惧表情，使个体对他人的社会评价功能受到影响，很难学会控制自己的攻击行为。**

神经心理学调查发现，76% 的攻击性犯罪人的额叶与颞叶存在功能障碍，79% 的攻击性犯罪人表现出左侧半球皮层—边缘系统的异常。瑞恩等人的 PET 研究发现，与对照组相比，杀人犯的右侧杏仁核及皮层下活动异常增加，冲动、反应性的杀人犯同时表现出前额叶的活动减低，但主动、预谋性的杀人犯则与对照组的皮层活动度相似，提示不同类型的暴力犯罪人的前额叶皮层—边缘系统功能缺陷可能存在差异。科卡洛（E. F. Coccaro）等人的功能性磁共振成像研究发现，冲动/反应性攻击者在处理愤怒表情时，杏仁核过度激活，而前额叶皮层的活动减少；与对照组不同，攻击者的杏仁核—前额叶皮层间缺乏功能联系和相互作用。我国研究者的磁共振研究也发现，男性暴力犯的前额叶和颞叶存在脑损害，在识别愉快和悲伤情绪的面孔时，前额叶与边缘系统均出现脑激活减低的现象。

当疾病等导致的脑损害发生在前额叶皮层或杏仁核，个体也可能表现出暴力等犯罪行为。造成脑损害的原因包括肿瘤、外伤、脑血管意外、感染、神经系统疾病如痴呆症和亨廷顿氏舞蹈病等。

为大家介绍两例脑损害导致暴力犯罪的著名案例：1966 年美国得州大学枪击案的犯罪人查尔斯·惠特曼（Charles Whitman）和获得性恋童癖（Acquired Pedophilia）。

【案例 1】

得州塔楼狙击手——查尔斯·惠特曼

本案是美国历史上最惨痛的校园枪击案之一，犯罪人查尔斯·惠特曼于 1966 年在美国得州大学的塔楼上持枪狙击行人，造成 31 人受伤，包括惠特曼自己在内的 17 人死亡。惠特曼在 17 岁高中毕业后加入美国海军陆战队，并成为一名出色的射手，退伍后进入得州大学学习工程学。1966 年 8 月 1 日，在打印了一篇告别信后，25 岁的惠特曼来到得州大学的标志性建筑——塔楼，并携带 6 支枪、弹药、几把刀、食物和水。他将大楼的接待室工作人员打死，并在到达顶层观光台的途中开枪打死了 4 个人。到达观光台后，他向校园和附近街道上的人群扫射，火力甚至波及 300 米以外的人。在枪击案发生约 2 个小时后，警方终于靠近观光台并击毙惠特曼。

在惨案发生的前一天，惠特曼还杀死了自己的妻子和母亲，他在告别信中表示，自己有很多不受控制的暴力冲动和许多奇怪的想法，精神科的治疗对他也没有帮助，他希望自己死后大脑被尸检。而对惠特曼尸检后发现其右脑内有一个核桃大小的恶性肿瘤，压迫其下丘脑与杏仁核。

【案例 2】

获得性恋童癖

美国一名 40 岁的男教师在 2000 年突然开始大量收集色情杂志，并频繁访问色情网站，以收集儿童色情淫秽材料为主，并开始在按摩店索取色情服务。该男子曾离异，与第二任妻子结婚两年来，感情稳定，此前仅在青春期接触过色情杂志，但否认曾被儿童吸引。在出现性关注对象的改变后，他试图隐藏自己的行为，并认为自己的行为是不可接受的，但最终他无法抑制自己的性冲动，开始试图猥亵他的继女，几星期后被妻子发现，进而被诊断为恋童癖，并被判处猥亵儿童罪。但他在性成瘾的矫治过程中，不可控制地对矫治中心的工作人员和其他治疗者进行性骚扰，并最终被迫中止矫治，面临监禁。入狱前，他因头痛和平衡异常急诊入院，MRI 扫描发现其右侧眶额皮层已被一肿瘤取代，背外侧前额叶皮层被挤压变形。手术切除肿瘤后，该患者顺利完成了性成瘾的矫治，并回归家庭。但一年后，他又开始秘密收集色情材料，经 MRI 检查发现肿瘤复发，患者再次接受手术。

以上两个案例中，患者的脑肿瘤分别位于杏仁核与前额叶皮层，因此，这两个脑区的功能受损直接导致了他们的异常行为（暴力攻击与恋童行为）。杏仁核是人类边缘系统中与本能欲望活动相联系的特定情绪情感中心，是远古以来演化而来的恐惧中心，在个体出生后不久就被激活，到 80 岁时仍然很活跃。如果杏仁核功能发育不良，或者后天受到伤害或出现病灶、肿瘤压迫等，其正常的恐惧情绪情感的体验与识别就会大大地降低：患者没有恐惧体验，也不能识别他人的痛苦情绪，由此诱发其残忍、本能性的犯罪行为。

而前额叶皮层是灵长类动物的智慧中心，是人类所有理性的功能中枢，其中，眶额部（OPF）是与理性相联系的人类道德性情感中心，是与人类文化道德规范相联系的道德感、怜悯心、同情心等高级情感的功能中枢。如果眶额部遭受诸如肿瘤等压迫性损害，其高级情感则被抑制，无法实现个体曾经建立的高级理性与高级情感功能。如果杏仁核与眶额部同时出现功能缺陷，则表现为本能（动物性）冲动强烈（如攻击本能与性本能突出），没有或者低恐惧体验，而道德感的控制力大大降低，那么，出现持续性、本能性与攻击性的暴力伤害则是自然发生的现象。

11

战斗基因与犯罪

早期大量的遗传学研究证明，暴力和反社会行为在很大程度上受到遗传因素的影响。随着分子生物学的发展，人们开始寻找与暴力和犯罪相关的基因。在攻击与犯罪行为的研究中，目前人们关注的大部分基因均与神经递质的代谢有关，主要包括以下五类基因：前体基因（precursor genes）、受体基因（receptor genes）、转运体基因（transporter genes）、代谢物基因（metabolite genes）、与神经递质间相互转换（conversion）相关的基因。

1993年，布伦纳经过15年的调查研究，在荷兰一个家族中发现数代均有男性表现出轻微的智力迟滞，攻击性爆发的倾向，以及强奸、伤害和谋杀未遂、纵火、裸露等冲动性暴力行为，而且研究首次提出单胺氧化酶代谢水平低与暴力冲动及犯罪行为的密切关联。这些男性的单胺代谢异常，并表现出单胺氧化酶A（MAOA）的基因缺陷。单胺氧化酶存在于释放单胺类神经递质的神经元内，能够降解过量的单胺类神经递质，如5-羟色胺、多巴胺和去甲肾上腺素。MAO具有两种不同的形式：MAOA和MAOB。在正常人群中，MAOA基因存在多态性（即该基因在同一生物群体中的不同个体表现出多种基因型），其中高活性的基因型（MAOA-H）与细胞内5-羟色胺的低浓度相关，而低活性的基因型（MAOA-L）与细胞内5-羟色胺的高浓度有关。

MAOA基因从分子遗传学的角度为5-羟色胺与暴力的相关性提出了可能的解释：当个体出现MAOA基因缺陷时，个体的5-羟色胺和去甲肾上腺素水平出现异常增高，而在发育早期，脑内的5-羟色胺浓度过高会导致脑结构发育受损，同时MAOA的基因缺陷造成持续的单胺代谢异常，可能引起个体的异常行为，如攻击性增高。

随后的动物和人类研究提示，低MAO水平与攻击行为存在相关性。10岁至20岁是违法犯罪的高发年龄，这一年龄段的个体睾酮水平处于峰值，而MAO水平低于其他各年龄段，同时，男性的MAO水平在各年龄段均比女性低20%。MAO水平较低的男孩，比其他的男孩更可能表现出冲动和感觉寻求，也更可能发展成酗酒和药物成瘾，MAOA基因也因此被一些研究者称为“战士基因”或者“犯罪基因”。

但是，也有研究结果表明，高MAOA个体与低MAOA个体在攻击行为、其他反社会行为方面不存在显著差异，MAOA水平高低与再犯罪率也不相关。如中国台湾地区的研究者发现，汉族男性的反社会行为与MAOA不相关。但是携带易感基因的个体，其行为同样受到了环境因素的调节，犯罪行为很可能是基因和环境交互作用的结果。迄今为止，MAOA基因是已有研究中与暴力行为最相关的基因，并作为行为的基因学证据开始在西方特定案例的刑事审判中受到特定的关注。

【案例】

MAOA 基因引发谋杀？

2009 年 3 月，美国田纳西州的一个刑事审判引发了巨大争议和广泛讨论。该案件的被告布莱德利（Bradley Waldroup）在 2006 年 10 月 16 日杀死了妻子的一位好友，并企图杀死自己的妻子。布莱德利已与妻子分居，案发当日，他边喝酒边等待妻子把他们的四个孩子送至其住所共度周末。当其妻与一名女性好友把孩子们送达并欲共同离开时，布莱德利阻止了二人，并连续开枪 8 次射杀了妻子的好友，随后又用利器切开了受害人的颅骨；在追赶其妻子的过程中，布莱德利用砍刀反复袭击其妻子，并砍断了其妻子的左手小手指。布莱德利被捕后，司法精神病学评估和 DNA 检测的结果发现，布莱德利携带有 MAOA 高危基因，同时布莱德利在童年曾遭受严重虐待。在该案审判过程中，相关的司法精神病学家被允许在法庭上作证，并解释 MAOA 基因缺陷与童年受虐待史的共同作用，可能与个体在成年期对暴力的易感性显著增高密切相关。最终，尽管被告的行为是有预谋的，并承认自己杀害了妻子的朋友及攻击妻子，但未被判处死刑或一级谋杀；在检方的强烈反对下，布莱德利最终被判处监禁 32 年。

攻击与反社会行为的相关基因的发现，使得人们能够从更微观的层面认识影响人类行为的遗传因素。尽管并非所有研究者都认同犯罪行为存在基因学证据，但随着神经生物学的发展及与法学的交叉合作，人们能够更深入地考察个体对攻击和暴力的易感性，并进一步理解犯罪行为的发生机制。

在神经犯罪学的研究领域，与战斗基因研究紧密联系的是激素与神经递质的研究。

激素是内分泌细胞所分泌、在细胞之间传递调节信息的生物化学物质。在犯罪学研究中最受关注的激素是睾酮素。

由于男性的犯罪率，特别是暴力犯罪率远高于女性，同时男性的攻击行为在青春期后显著增加，与睾酮素分泌的增加一致，因此研究者提出，睾酮素与攻击及犯罪相关。在美国一项大样本调查中，研究者测量了 4462 名曾在越南服役的退伍军人，发现睾酮素水平最高的男性成年期的暴力行为最多，青春期时与他人的关系也存在最多问题。对犯罪人的研究发现，以强奸和谋杀定罪的男性暴力犯罪人，睾酮素水平高于以盗窃、贩卖毒品定罪的犯罪人。成年男性囚犯中，睾酮素水平与暴力犯罪显著相关，而且睾酮素水平高的个体在同伴评分中被认为更“强硬”。睾酮素水平与暴力的正相关，同样见于女性犯罪人，具有高睾酮水平的女性囚犯，在狱中也表现出更多的支配性攻击行为。

神经递质是神经元（神经系统内的细胞）之间进行信息传递的化学物质。脑内已知的神经递质达 100 多种，目前认为与犯罪相关的神经递质包括 5- 羟色胺、多巴胺、去甲肾上腺素等。在犯罪学研究中，5- 羟色胺得到了最广泛的关注，其研究结果也最为一致。

5- 羟色胺，又称血清素，是色氨酸的衍生物，在情绪调节、疼痛调节、饮食、睡眠与觉醒的控制中都发挥一定作用，行为效应复杂。大量证据显示，5- 羟色胺对动物和人类的攻击行为有抑制作用，低水平的 5- 羟色胺与冲动性、暴力和反社会行为相关。

目前关于 5- 羟色胺与暴力的研究中，最大的样本来自墨菲特（T. E. Moffitt）在新西兰完成的一项流行病学调查，研究发现，在控制了智力、社会经济水平、吸烟饮酒等一系列生理和社会因素后，男性的血中 5- 羟色胺浓度与自我报告及官方记录的暴力行为均相关，但在女性中不相关。对犯罪人的研究则发现，在排除自杀企图的影响之后，纵火犯和其他形式的暴力犯脑脊液中的5-羟色胺含量仍较低，而暴力犯罪人在从监狱释放后的三年间，再次出现暴力犯罪者，脑脊液中5-羟色胺的含量显著低于未再犯者。莫尔（T. Moore）等人对5-羟色胺与反社会行为研究的分析发现，反社会组的脑脊液5-羟色胺显著低于非反社会组，在年龄小于30岁的组别中尤其显著。

《科学》杂志在2000年7月的刊号上刊登了6篇介绍生理、生化因素对暴力犯罪影响的文章。其中，在遗传方面对双生子的追踪研究，发现MAOA基因对犯罪行为的影响；生化方面对血清素的研究，已经证实暴力犯罪人的血清素值普遍增加；脑部受伤后，人的性格改变以致粗暴性格的形成；多动症（获得性注意缺失障碍）与犯罪行为的关系；铅中毒及其他化学成分对脑部的伤害及与犯罪行为的关系；极端暴力犯罪人脑结构与功能的特异状况；对于（基因接近于人类的）灵长类动物（恒河猴）发生暴力行为时生物因素变化的研究等。这些研究表明，人的神经系统及特定生化因素与犯罪行为（尤其是暴力犯罪行为）的关系已经成为现代犯罪心理学探索的前沿领域，并且这些探索已取得了一定的成果。

第二章　各类犯罪和犯罪人

12

什么是犯罪动机

犯罪动机是刺激、驱使行为人实施犯罪行为的内部动力。犯罪动机是促使个体实施犯罪行为的直接心理原因，犯罪行为是犯罪动机的外化体现；只有形成犯罪动机之后，才有可能产生犯罪行为。犯罪动机是犯罪人心理的动力形式，是行为人自身需要（包括正常的或者不正常的需要）在其社会生活消极因素及情景作用下的具体体现。

与犯罪动机紧密联系的概念是犯罪目的。犯罪目的是犯罪人希望通过实施犯罪行为达到的主观结果，也就是犯罪结果在犯罪人心理预期上的表现。如果特定的危害行为是实现特定犯罪目的的唯一手段，犯罪目的的内容就是刑法所规定的危害结果，刑法对犯罪目的不作明文规定；如果不一定通过特定的危害行为才能够实现的犯罪目的，刑法则明确规定为犯罪构成的犯罪目的。

犯罪动机与犯罪目的都是通过犯罪行为体现出来的行为人的内部心理活动，都是一种主观心理状态，两者之间存在着密切的关系，也有明确的区别。行为人某种犯罪目的的确定，绝不是无缘无故的，而是始终以一定的犯罪动机作指引的。例如，对直接故意杀人来讲，非法剥夺他人生命是其犯罪目的，而促使行为人确定这种犯罪目的的内心起因即犯罪动机，可以是贪财、奸情、仇恨、报复或者极端的嫉妒心理等。只有通过犯罪动机的分析才能够更清晰、准确地揭露其犯罪目的。

犯罪动机的原因分析理论包括本能理论、需要理论、诱因与强化理论与认知理论。

本能理论是以生物本能力量来解释人类攻击及犯罪行为的来源，其代表人物是弗洛伊德。经典精神分析的本能理论认为，人的性本能及生的本能、死亡本能是犯罪动机的永恒的、根本的来源。

犯罪动机的需要理论主张人的优势需要及不恰当满足需要的途径是违法犯罪动机的起因。其代表人物是马斯洛。马斯洛的需要层次理论认为，对个体需要的满足期望是犯罪行为的原动力；包括低层次的与高层次的需要都可能以对抗社会的方式产生犯罪动机。

犯罪动机的诱因与强化理论的代表人物有赫尔（C. Hull）、华生、斯金纳、班杜拉等。其代表理论有驱力—诱因理论、条件反射学说、观察学习理论等，其理论来源于共同的行为主义理论基石（条件反射原理），即人之所以违法犯罪是由个体所处的环境造就的：外界消极诱因是违法犯罪行为的动力来源之一；消极刺激与行为结果的反馈（强化）在犯罪动机形成与发展中具有关键的作用；消极榜样及观察学习也能促成或加强犯罪动机的产生。

犯罪动机的认知理论采用了学习理论、人格理论及信息加工理论来解释犯罪动机的起源与发展，具体的代表人物与理论有科尔伯格的道德判断发展理论、米歇尔（W. Mischel）的认知—情感理论与罗特（Rotter）的归因理论等。主张为：犯罪动机来源于个体道德判断与道德情感发展水平低下；犯罪动机是正当的认知与情感发展不均衡且相互冲突的结果；犯罪动力起源于错误而极化的归因模式（如犯罪思维模式）。

与犯罪动机形成密切相关的因素有生理驱动力（如性欲、饥饿、痛苦等）、需要（如金钱欲、名誉、地位等）、消极情景诱因（如挑衅、诱惑等）、错误的认知观念（如消极的价值观、犯罪思维模式）、不当的强化（如行为人实施的或观察到的错误行为得到赞许、奖励或免于处罚），其中个体的需要是犯罪动机的核心成分。

- **以需要类型为标准**，可将犯罪动机划分为生理性犯罪动机（如强奸的性冲动力）与精神性犯罪动机（如引发报复犯罪行为的自卑感、自尊心，邪教组织犯罪的信念）。
- **以动机的指向目标差异为标准**，可将犯罪动机区分为表达性（或敌意性）犯罪动机与工具性犯罪动机。表达性犯罪动机指向自我愤怒情绪的敌意攻击，绝大多数的杀人、伤害、强奸的暴力犯罪动机都属于这一类型；工具性犯罪动机源于竞争或者期望获得他人拥有的财物或地位的愿望，为了实现所期望的目标，犯罪人往往不择手段，它通常可见于抢劫、盗窃和其他各种白领犯罪中。

  在青少年犯罪动机中存在着游戏型犯罪动机的特殊类型，特指青少年出于游乐、寻求感官愉悦、戏谑的内心动力而实施了偷盗、伤害、性淫乱、吸毒、滋扰社会等违法犯罪行为的内心动力。
- **以意识性水平为标准**，可将犯罪动机划分为有意识犯罪动机与无意识犯罪动机。大多数犯罪动机是有意识犯罪动机，犯罪人能够意识到犯罪动机的存在，并知晓其犯罪性（与具体的犯罪目的、社会危害性相联系），但在一些特殊犯罪行为中也存在无意识犯罪动机，如青少年游戏型犯罪动机、特定性犯罪的性冲动力、团伙犯罪中的压力作用、强烈罪恶感驱动的赎罪动机、变态心理犯罪中的本能病理冲动等，犯罪人并不能清晰、完全地意识到犯罪动力或其犯罪性的存在。

- **以道德评价为标准**，可以将犯罪动机划分为恶性犯罪动机、中性犯罪动机和良性犯罪动机。

恶性犯罪动机是反道德的犯罪动机。这类犯罪动机的社会本质与犯罪行为的法律性质是一致的，其犯罪动机违反道德，也对抗刑事法律，必然具有社会危害性，即“违反道德，违反刑法”。由这类犯罪动机所引发的犯罪占相当大的比重。例如，为图财而害命，为报复而诬告陷害他人，为了灭口而杀害无辜的见证人等，这类犯罪动机表明犯罪人的主观恶性较深，人身危险性较大。

中性犯罪动机，是其行为动机本身对社会无所谓好与坏的犯罪动机。其内容的社会性质从道德及公共生活准则来看，既不是不良的、反社会的或不道德的，也不是社会所称赞和为道德所推崇的。即“不违反道德，违反刑法”。例如，由于好奇心的驱使而摆弄枪支发生意外走火而打死了人。这种好奇心的动机，便是中性犯罪动机。在犯罪行为中，由于这类犯罪动机本身无所谓善与恶，此犯罪动机不指向行为人主观恶性及人身危险性，因而，该类犯罪动机的存在一般在定罪量刑方面有利于犯罪嫌疑人。

良性犯罪动机，是其行为动机本身从道德的社会性质上来讲是有益于社会的，是符合公认的社会道德观念而为公众所赞同的。具有这种犯罪动机的行为人其主观愿望是好的，但事与愿违，即实现愿望的方式、行为结果为法律所不允许。即“符合道德，违反刑法”。这种情况类似于我们日常生活中所见的“好心办了坏事”的情况，也就是说，行为人积极、善良或正义的动机引发的却是一个犯罪行为。例如，在所谓的“劫富济贫”“私刑取证”“黑色正义”等犯罪行为中就存在着此种犯罪动机。在这种行为动机的促使下实施了犯罪行为的人，其主观恶性与人身危险性都相对较小。

- **以犯罪人的心理状态正常与否为标准。**

根据犯罪人的心理状态标准可以将犯罪动机划分为常态的犯罪动机与变态的犯罪动机。常态的犯罪动机，按照常识与普通的道理可以较好理解与推测，其动机与行为指向、行为结果、行为手段之间符合绝大多数人的预期。如出于侵财的动机而进行盗窃或抢劫，出于性动机而预备、实施性犯罪。而变态的犯罪动机则有显著差异，甚至完全相反：按照常识与普通的道理难以理解与推测，其动机与行为指向、行为结果、行为手段之间超出绝大多数人的判断与预期。如出于绝对占有欲望而实施伤害，出于纯粹主观臆想而进行极端的反击性“自卫”，出于冒险的体验追求而反复地实施偷窃、纵火，出于自我显示欲而与司法机关对抗，等等。绝大多数的犯罪动机都是常态的犯罪动机，变态的犯罪动机主要存在于变态心理（病理心理）导致的犯罪中，如妄想作用下的杀人动机、迫害动机，反社会型人格障碍者悖德型动机、性变态者的情杀动机、精神病人的扩大性自杀动机等，也可能存在于少数暂时性特异心理状态所导致的犯罪中，如某些应激、激情犯罪中的伤害动机。它们都可能表现犯罪动机与犯罪行为的难以理解性、原始冲动性、幼稚性、疯狂性。

犯罪动机是分析与评价犯罪人心理状态及心理动力的核心成分，它与犯罪人格具有本质上一致性的内在关系（犯罪动机是犯罪行为的动力系统，是犯罪人格的直接体现；犯罪人格是在犯罪动机的持续作用下形成的静态支持系统，包含犯罪观念、犯罪情感与犯罪技能等）。在评定犯罪人的反社会性（主观恶性与客观危害性）以及犯罪心理分析、心理预防与罪犯心理矫正中具有非常重要的地位。

13

个体智力与犯罪的关系

个体智力与犯罪行为之间的关系是早期犯罪心理学探讨的主题之一。

此类研究的创始人是美国心理学家戈达德（H. H. Goddard）。在研究智力落后儿童时，他受到高尔顿1869年出版的《遗传的天才》一书的影响，决定采用家谱追踪的方法研究特殊训练学校中智力落后儿童的家族史。他曾经研究了18世纪美国独立战争中的一名战士——卡利卡克。卡利卡克先和一个低智力的酒吧女服务员结合，在以后的150年中逐渐形成一个家系，这个家系有子孙后代480名。关于其中189人的详细报告表明，仅有46名是神智正常的人，其余的143人则为精神不正常者、酒精中毒者、癫痫患者、犯罪分子或卖淫者（占75.66%）。卡利卡克离开军队回到故乡后，又和一位神智正常的妇女结婚，在这个家系的496名子孙后代中，没有一个是不正常的。前妻所生的后代与后妻所生的后代相比较，有完全不同的心理健康状况。戈达德把两者的区别归因于遗传因素。1912年他将研究结果以虚构（家族名）方式出版了《卡利卡克家族》一书。他根据对“犯罪家族”卡利卡克家族的研究，宣称犯罪具有遗传性。

1912年，采用智力测验法（比纳－西蒙测验B-S）测试了美国新泽西州少年感化院被收容的少年，其中29%—89%是低能者，因此提出“犯罪低能说”，认为犯罪者是天生的低能者，智力低下是犯罪的主要原因。

此后，有犯罪学家、心理学家继续进行犯罪与智力水平关系的研究。

1976年，美国犯罪学家戈登（R. Gordon）提出，无论社区中的人口分布状况如何，在所研究的少年中，智商分布与少年犯罪行为存在着直接关系。1977年美国犯罪学家赫希（T. Hirschi）和统计学家欣德朗（M. J. Hindellang）在《美国社会学评论》杂志上发表题为《智力与少年犯罪：一种修正的评论》（*Intelligence and Delinquency：A Revisionist Review*）的论文，主张低智能与社会阶层、种族一样都是预测少年犯罪行为（尤其是自我报告的行为偏差）的重要预测因素；在同一阶层中（无论白人或黑人），智商低者成为违法犯罪人的可能性较高；智商的重要性至少要与社会因素等量齐观。

与此紧密相关的还有前文探讨的道德认知发展与违法犯罪关系的研究，如美国心理学家科尔伯格自20世纪50年代起至80年代，以瑞士心理学家皮亚杰的发生认知论及两难故事法为基础，对少年道德认知、情感的发展与违法犯罪行为之间关系的纵向研究。

智力及道德认知与犯罪行为之间的关系较为复杂，客观上它们之间并没有直接的因果关系。因而，有的研究者对智力与犯罪行为之间因果或者预测关系的主张提出怀疑或反对的观点。大量研究中比较一致的结论认为，少年犯罪人的智商比正常少年的智商低8分左右。

在新的时期，关于低智力与犯罪关系争论的反面是高智力与犯罪的关系，即所谓天才的犯罪者。例如：在经济金融领域的犯罪中，犯罪者往往专业知识技能较好，犯罪策划与反侦查的准备较好；高科技领域的犯罪是高技术者的专有犯罪（如网络金融犯罪、黑客犯罪等）；而反社会型人格障碍者、精神病态者多是精心策划的“成功犯罪者”，其智力多在一般人之上（他们至少达到中等水平）。这些个案中，仿佛行为人自身的智力是导致其犯罪的决定因素或动机。本质上，高智力因素只是其犯罪的助长因素，而不是决定因素或犯罪动机。换言之，犯罪者在高智力的支持下，借势为恶。

由于智力与犯罪之间的关系问题涉及智商本身的概念、测量方法、智商与遗传和环境的关系等复杂问题，因此，这方面的争论还将继续下去。

随着研究方法和工具的科学化，已经证实了犯罪人中低智商者的比重虽然没有之前结论中所揭示的那么明确，但是，犯罪人中确实存在比正常人口拥有较高比例的智能不足者，而且会因犯罪类型的不同而呈现出不同的智力水平。司法实践表明，低能者最常实施的犯罪有一般盗窃、临时起意纵火与冲动的性犯罪。

智力水平低下与犯罪现象之间存在一定的联系，这是影响个体犯罪的因素之一。智力低下者表现为判断力和理解能力较差，缺乏自主性，易受他人或情景暗示，也容易兴奋与冲动，故具有一定的犯罪危险性。此外，他们缺乏学习新事物和适应社会的能力，容易成为生活竞争中的落伍者、失败者，并受到他人、社会的歧视和伤害，因而，也较有可能采取各种反社会性质的报复行为。

14

什么是犯罪人格

犯罪人格是犯罪人或潜在犯罪人所具有的反社会心理特征的总和，是一种严重的反社会人格，它是严重的反社会行为倾向的身心组织。其中，犯罪思维模式、反社会型人格障碍是犯罪人格的具体表征。

- 犯罪人或潜在犯罪人可能具有犯罪人格，但并不是所有的犯罪人或潜在犯罪人都具有犯罪人格。犯罪人格是犯罪人或者潜在犯罪人的犯罪心理发展到一定阶段时的产物。
- 犯罪人或潜在犯罪人在具有犯罪人格的同时，也具有正常的人格（人格障碍者除外）。犯罪人格不是完全独立于正常人格之外的另一种人格，而是正常人格中某些部分（情绪与行为的冲动性、认知上的偏激性等）在社会化过程中发生了严重的偏离，而导致的一种较为稳定的、易于引起犯罪行为的人格倾向。
- 犯罪人格与罪犯人格是两个关系密切又存在区别的概念。犯罪人格是罪犯人格形成的基础与背景；罪犯人格是犯罪人实施犯罪以后，经过一系列的刑事诉讼程序与改造措施而在服刑期间形成的人格，监狱人格是罪犯人格的典型。
- 犯罪人格是反社会的心理特征与行为倾向统一的身心组织系

统，具有稳定性与持续性，它支持与维持着个体内心的犯罪冲动，但并不必然导致犯罪。此心理趋向特征与犯罪动机相一致。

通常以与人类气质差别有关的**人格维度**（即 ENP 维度）来描述犯罪人格特征。

- 外倾—内倾性（extraversion–introversion）：外倾性明显，不易受周围环境影响，难以形成条件反射（难以形成道德与良心），具有情绪冲动和难以控制、爱交际、喜社交、渴求刺激、易冒险、粗心大意和爱发脾气等特点。
- 神经质—稳定性（neuroticism–stability）：表现为高焦虑。这种人喜怒无常，容易激动，是犯罪人格的典型特质。
- 精神质—超我机能（psychoticism–superego functioning）：这一维度表明精神状态从异常到正常的临床特征。高分精神质者具有倔强固执、凶残强横和铁石心肠等特点，这种人有强烈的愚弄和惊扰他人的需求。这在极端性或变态性越轨者、犯罪者身上有明显的表现。

犯罪人格是犯罪人或潜在犯罪人与正常人的本质特征的区别之一。以犯罪动机为核心的犯罪人格决定了其犯罪性的存在。根据犯罪人或潜在犯罪人具有的犯罪性心理状态，可以将犯罪人格区分为常态的犯罪人格与变态的犯罪人格。

- 犯罪人格不等于变态人格。犯罪人格包括常态性与变态性两种状态。常态的犯罪人格通常指向错误的思维模式与品质卑劣；变态的犯罪人格常常指反社会型人格障碍及偏执型、精神障碍型等类精神病性的人格障碍。

常态的犯罪人格

- 生存型犯罪人格：生存的犯罪动机占优势的犯罪人格。该人格的特征是为了实现生存的需要不择手段。它在现代社会中主要表现为具有贪婪性的财物侵占的犯罪人格与安全型犯罪人格。它是一种较为原始而传统的犯罪的人格驱力。其中，安全型犯罪人格是指安全动机占优势的犯罪人格。该人格的特征是追求安全需要的满足。它在现代社会中表现为报复动机、征服动机导致的犯罪；它常常是为了消除恐惧而导致犯罪的人格驱力。
- 性欲型犯罪人格：性欲的犯罪动机占优势的犯罪人格。该人格的特征是以追求性欲的满足为行为的主要动力。它在现代社会中表现为性犯罪，以及部分以性为手段的犯罪。它也是一种较为原始而传统的犯罪的人格驱力。
- 归属型犯罪人格：归属动机占优势的犯罪人格。该人格的特征是追求归属需要的满足。它在现代社会中表现为情感动机、嫉恨动机、控制动机导致的犯罪；它是人际冲突型犯罪的人格驱力。
- 自尊型犯罪人格：自尊动机占优势的犯罪人格。该人格的特征是自尊需要的满足。它在现代社会中表现为实现自我价值、自我显示、克服自卑感而进行的犯罪。它往往是精神性动机犯罪的人格驱力。
- 认知型犯罪人格：以错误、偏激的认知方式为特征的犯罪人格，犯罪思维模式是其典型。

- 审美型犯罪人格：以歪曲的、野蛮的审美动机为核心的犯罪人格。
- 自我实现型犯罪人格：自我实现动机占优势的犯罪人格。该人格的特征是追求自我实现（即犯罪人或潜在犯罪人充分发挥自己的潜力与创造性实现自我的犯罪性生活目标）。它在现代社会中主要表现为职业犯罪动机、歪曲的宗教动机、反动的政治动机以及迷信性动机导致的犯罪，以及由求美动机、认知动机导致的犯罪（如具有野性崇拜或成就动机的团伙犯罪）。它是由人类高级的精神性动机导致犯罪的人格驱动力。

变态的犯罪人格

变态型犯罪是由犯罪人变态心理（人格障碍、性变态、精神病等）导致的犯罪，而犯罪人格是导致其犯罪的人格驱力。正是犯罪人格与致罪因素的结合导致了犯罪的发生。与变态型犯罪关系最为密切的犯罪人格就是典型的人格障碍，主要包括反社会型、偏执型、边缘型人格障碍。

- 反社会型人格障碍：又称为无情型人格障碍、冷酷型人格障碍或精神病态、悖德狂。在人格障碍的各种类型中，反社会型人格障碍的研究是最多的，很为心理学家和精神病学家所注意，也是最容易发生违法犯罪行为的人格变态之一。

现在许多研究资料表明，反社会型人格障碍在罪犯这一特殊人群中的发生率远远高于正常人群。国外有的研究报告显示，30%—60%的犯罪人具有反社会型人格；国内学者研究报告显示，监狱的罪犯人群中反社会人格障碍者的比例高达36%。反社会型人格障碍者的行为特征，除了人格障碍者共同具有的特征外，最为明显的是：行为极端地不符合社会规范；思想信念和行为常与社会发生冲突；情感麻木、对他人冷酷无情、刻薄残忍；极端自私，自我中心性强烈；对人不真诚、不坦率，无基本的社会责任感；挫折耐受力差，激惹性极高，易冲动；违法犯罪的事先预谋性、周密性较为明显。它与精神病态有紧密的联系：几乎所有的精神病态都具备反社会型人格障碍的特征，有三分之一的反社会型人格障碍符合精神病态的临床诊断标准。他们都有反社会的动力，而精神病态者内心更加阴暗、冷酷无情。

- 偏执型人格障碍：一种以猜疑和偏执为主要特征的人格障碍。偏执型人格障碍者的人格特征表现为：主观性极强而固执，不信任别人，有“阴谋”的解释倾向；敏感而报复心强；自我评价过高，容易产生攻击行为；对周围的人缺乏基本的信任，过分固执；坚信自己正确，不允许别人批评自己的缺点，即使是合理的批评，也会引起他强烈的反击；心胸狭隘、好嫉妒、骄傲自大等。这种人格障碍也可成为妄想性精神病病前的人格基础。
- 边缘型人格障碍：是爆发型、情感型、冲动型人格障碍的集合。其基本特征是自我意象、人际关系与情绪极不稳定。

爆发型人格障碍的主要特点是：常常因微小的刺激而爆发非常强烈的愤怒情绪和冲动行为，自己完全不能控制。这类人在情绪爆发时难以自我控制，往往导致灾难性的犯罪后果。

情感型人格障碍，又称情绪不稳定型人格障碍，或者循环型人格障碍。其基本特征是：情绪极不稳定，忽高忽低。可持续地情绪低落、抑郁不振奋；或持续地情绪高涨，精神振奋；或两者交替出现，喜怒无常，变化多端。极端情绪状态始终占据优势，激惹性高，微不足道的小事能引起强烈的冲动，毁物伤人，甚至不顾一切后果进行殊死的斗殴，所以行为人通常可能出现“事过后悔，屡次再犯”的情况。

冲动型人格障碍，也称为怪癖型人格障碍。这类人的主要特点是存在一种顽固的、以内心体验为目的的、常人难以理解的怪癖。常见的怪癖型人格障碍有“纵火癖”“偷窃癖”“谎言癖”“赌癖”“怪恋癖”等。

尽管人格障碍者的犯罪与正常人的犯罪有很多差异，但是其相同之处是，都能够基本意识到自己犯罪行为的社会性质并具备行为的控制力或部分控制力（即犯罪人格的认知与意志成分）。因此，在刑事法律上人格障碍者是具有责任能力（完全责任能力或部分责任能力）的，犯罪应受到应有的处罚。从目前世界各国的司法实践来看，对人格障碍者的犯罪行为刑法上一般都采取较为严厉的处罚措施。

【案例】

反社会人格犯罪者

杨某，1970 年出生，高中肄业。杨某高三时离家出走之后，曾先后到过山西、河北等地，在一些煤矿、建筑队上打工，其间因盗窃、强奸被劳教 2 次，判刑 1 次。从 2000 年 9 月起直至 2003 年 8 月，杨某横跨皖豫鲁冀 4 省，疯狂作案 26 起，杀死 67 人，伤 10 人，强奸 23 人，于 2004 年 2 月 14 日上午被执行死刑。

- 杨某早年心理正常，从小聪明，内向，喜欢画画，是家里唯一上过高中的孩子。他家庭贫困，想靠自己的双手过上好日子。16岁时离家打工。在小饭店打工时偷窃一个铝盒卖得13元钱，此案案值虽然小，但影响却很大，他开始出现心理质变！
  后来又因偷窃，被劳动教养2次：1988年（18岁）在西安劳动教养两年，1991年（21岁）在石家庄劳动教养一年。
- 他在家乡有一女友，其第二次劳动教养时，她曾许诺杨某："好好改造，出来我还和你好！"杨某劳动教养被释放出来时，正好赶上原女友与别人结婚的日子。
- 杨某踏入社会后三年就开始被劳教，从1988年到2000年（18—30岁），他一直处于违法犯罪与受处罚的循环中。从这点我们看出，他渐渐地形成与犯罪行为相适应的观念与情感，这就是犯罪人格。
- 1996年因强奸（被咬伤舌头，从此恨女人）被判处有期徒刑5年，2000年提前释放。之后，他的犯罪心理不可逆转：平均每月犯下两起杀人案，开始有预谋地疯狂作案！
- 在2003年8月最后疯狂的时间里，三天犯下两起杀人案。他杀死一家五口，并用从另一村民家偷窃来的斧子杀人，把手套扔在院子里。办案人员因此找到更多的直接线索并最终发现他的行踪，在河北沧州将其抓获。2004年，他的人生就到了尽头！

犯罪人杨某，早年处于正常发展状态，虽然家庭很贫穷，但其心态是正常的。但是，他在受到挫折后，心态开始恶性变化，尤其是犯罪手段渐渐演变为暴力掠夺，最后变成了习惯性的贪婪与杀戮。

杨某在刚刚踏入社会后遭受多次打击，而选择了违法及暴力的自我反抗方式。在随后的两三年中就开始被劳动教养：他在18—30岁，一直处于违法犯罪与遭受处罚的恶性循环中。他渐渐地形成与犯罪行为相适应的认知态度与情感，这就是典型的反社会人格：与犯罪行为相适应的人格。相应地，他的犯罪动机很简单（就是劫财劫色，而且报复女人、报复社会），而行为的性质很恶劣！以至于他在被枪决前，还对社会与他人抱有愤愤不平的态度："为什么别人有的我都没有？"

为什么一个早年心理正常的人会成为这样残忍的犯罪者呢？

从根本上说，因为犯罪人形成了反社会人格，精神上良心泯灭，是"悖德狂"（没有基本的道德感的人）。

一般而言，反社会人格这类犯罪人：

- 在青春期时有生存性违法（早期以偷窃开始，后来就抢夺、抢劫）；
- 在进入成年后犯罪行为就会快速升级：一般是25岁之后实施盗窃—抢劫—强奸—杀人等多元性犯罪行为；
- 30岁后开始疯狂地暴力犯罪。

犯罪人不能主动停止犯罪行为，直到人生的彻底毁灭！

15

暴力犯罪心理

暴力犯罪是一种传统的、自然的犯罪。它是在人类社会的早期就已经存在的犯罪形态，如抢劫、杀人、强奸、伤害，等等。

正如自然界的老鹰、猛虎与鲨鱼等顶级掠食者，人类之中也存在着具有掠夺性的犯罪者。与自然界的掠食者一样，他们攻击性极强，很凶狠、杀伤力强、动作麻利，同时冷静策划，目标准确，启动适时，一招致命，而且，他们并不觉得自己做得有什么不对！

暴力是一种激烈和强制性的力量，它典型地带有武力的性质，指个人或者集团之间发生的暴力的行为，如殴斗、凶杀，也可指发生在国家之间的事件。暴力犯罪是指行为人以暴力或者暴力威胁，非法侵犯他人人身和财产安全的犯罪行为，即侵犯了公民的生命健康或者财产的行为，通常具有暴力性、生命危害性和恐怖性，这种恐怖性不仅涉及直接受到侵害的受害者，还可能涉及周围人或者社会的利益。

当今，暴力犯罪已经成为全球的公共安全问题，它每年要消耗国民生产总值的2%—4%。据人民网报道，在2000年，全球因暴力行为直接死亡的有52万人（包括暴力犯罪与冲突中的暴行），2018年此数字已经超过60万。据《犯罪心理分析》一书，以高犯罪率的美国为例：

1982 年，监狱罪犯有 39 万人，而 2011 年，监狱内服刑罪犯有 226 万人，缓刑与假释罪犯有 481 万人。

两类暴力犯罪

心理学界普遍接受的暴力分类是反应性暴力（反应性攻击）与工具性暴力（工具性攻击）。类似地，学者道奇（K. A. Dodge）等人将攻击分为主动性攻击（proactive aggression）和反应性攻击（reactive aggression）。主动性攻击是指非激惹的、故意的、目标指向的并受到预期奖励驱动的攻击行为。反应性攻击是指作为对威胁和激惹反应防御性和报复性的行为。伯科威茨（L. Berkowitz）认为主动性攻击的动机是获得其渴望的结果，如获得金钱、社会地位、良好的形象或控制被害人、提升自我价值感等。哈特普（W. Hartup）将攻击分为工具性攻击（instrumental aggression）和敌意性攻击（hostile aggression）。工具性攻击是一种主动性攻击，而敌意性攻击直接以人为指向，以打击伤害人为目的，包含较多的情感色彩。

暴力犯罪的解析

对于暴力犯罪，社会学习理论通过实验研究，对攻击性行为的起因和发生机制有较好的解释：攻击性行为不是与生俱来的，而是通过后天学习获得的；通过成功的攻击性行为范例（家庭成员、亚文化成员与大众传媒）与自身直接经验的强化而获得攻击性的行为模式；攻击的诱因包括挫折与内心期待；有形的或无形的奖赏、惩罚对于攻击性行为的保持起到决定性作用；攻击性行为的自我调节通过对攻击性行为的自我奖励或者惩罚而完成。攻击性行为的发生不仅存在外部强化机制，也存在结合行为人神经系统的内部调节机制。而在中观、微观的层面，挫折攻击理论、暴力抑制机制模型等进行了更为具体的分析。

挫折攻击理论

此理论假说由美国心理学家多拉德（John Dollard）与米勒（Neal E. Miller）、杜布（Leonard W. Doob）、希尔斯（Robert R. Sears）在 1939 年提出。即个体遭受挫折后，必然引起个体对挫折来源予以攻击。这种攻击可以是外显的，如肉体上的、言语上的，也可以是内隐的，如幻想。1941 年，米勒修正了这种假设，认为挫折可以导致许多种行为方式，而侵犯行为只是其中之一。即挫折可能引起攻击行为，也可能引发其他行为。

伯科威茨对挫折—攻击假说进行了修正并提出了认知—新联结模型（cognitive-neoassociation model）：强调挫折性事件引起的负性情绪可能自动引发各种与逃避（害怕）或攻击（愤怒）的倾向相联系的情感、思想和记忆，即挫折—愤怒—攻击。

其中，侵犯线索理论是由伯科威茨在挫折攻击扩展理论中提出的：侵犯性的线索也会引发侵犯行为。情境中与侵犯相关的一些线索，如刀、枪、棍等器械往往会成为侵犯行为产生的起因，这种现象称为武器效应（weapon effect）。武器在视野中的出现就是这样一种攻击和侵犯的线索，尤其当它被看作一种暴力工具而非消遣品时。在伯科威茨的实验中，刚玩过玩具枪的小朋友更愿意推倒另一个小朋友堆起的积木。在他的另一个实验中，相比附近只有羽毛球球拍的情况，当附近有手枪（被试以为这是上一个实验遗留下来的）时，愤怒的被试对给他们造成痛苦的人施加了更为强烈的电流刺激。据此，伯科威茨推论：

在美国拥有枪支的家庭中，用家藏的手枪杀死家庭成员的可能性远高于杀死入侵者。

除了刀、枪等明显的侵犯性线索，一些有侵犯性色彩的词语，如惩罚、刺痛也可以成为侵犯线索；与死亡、邪恶等相联系的黑色也是引发侵犯的线索。例如，弗兰克等人就发现，在职业棒球和橄榄球比赛中，穿黑色服装的一方受到的惩罚经常比浅色的一方多。实验研究也证明，穿黑色衣服的赛马选手也表现出更高的侵犯性。卡尔逊（M. Carlson）等人对 23 项研究所做的元分析发现，与侵犯有关的线索不仅可以引发侵犯，并且能够使已经愤怒的人的侵犯性加强。

兹尔曼（Dolf Zillmann）提出了兴奋迁移理论（excitation transfer theory）：对个体身体和心理具有重大意义的刺激性情境会引起情绪反应，这种生理唤醒一旦产生，要随着时间的推移才会逐渐消退。例如，某人白天在职场中受到打击，产生了愤怒或委屈情绪，可能晚上回到家中这种情绪并没有消失。而如果在家中又发生了令他生气的事件，此人就会产生过度反应。这种情形即之前所残留的消极情绪唤醒又合并了在家里产生的愤怒，导致激情状态下的攻击行为。

暴力抑制机制模型

为了更好地解释特定类型暴力行为的生理机制，布莱尔（R. J. R. Blair）提出了暴力抑制机制模型（Violence Inhibition Mechanism，VIM），认为个体存在着一个由恐惧或者悲伤表情所激活的暴力抑制系统。当个体看到恐惧或者悲伤的表情时，就会激活该暴力抑制系统，进而使自主神经活动、威胁—反应系统激活增加而制止暴力行为的发生。其中，精神病态者由于杏仁核受损，无法激发其暴力抑制机制系统，无法识别恐惧和悲伤的情绪，因而没有正常人那样对情绪性信息的认知加工偏向。对精神病态者来说，当情绪性刺激特别是悲伤、恐惧刺激作为干扰刺激出现时，对其产生的干扰效果相对较小，因而，精神病态者表现出更多的主动性暴力。

学者格雷（Gray）以两种激活系统的人格模型来解释两类暴力犯罪的机制：

行为激活系统（BAS）。奖赏性驱动，对奖励敏感，对惩罚的感受性低。

行为抑制系统（BIS）。惩罚性抑制，对惩罚的关注而产生对不当行为的抑制，但如果抑制机制有缺陷，就会导致抑制减弱，不能及时地遏制做坏事。

反应性暴力中，行为激活系统过度激活——追求奖励、物质或精神诱惑，如名誉地位之类的仇恨犯罪，以寻求心理补偿。

而对掠夺性暴力而言：

- 正常人看到恐惧或悲伤时就会自动通过自主神经系统激活行为抑制系统，而他们不会恐惧或悲伤。在神经机制中，边缘系统的杏仁核受损，则无恐惧感（或低恐惧感）、无良心体验，对他人没有痛苦同感。如果其功能减弱就没有恐惧与痛苦的体现，自己无恐惧感，对他人也没有痛苦同感。
- 在意识层面上，犯罪人往往存在额眶部缺陷，导致道德感低。这涉及个体的大脑皮层与皮层下（边缘系统）两部分的神经功能：

  腹背侧前额叶皮层（DMPFC）：分析判断的功能中心，其功能活性较高；腹内侧前额叶皮层（VMPFC）：认知控制中心，解决“需要不需要？”“能不能做？”的问题，与分析判断功能中心协同发挥作用，其功能活性较高；

但是，其眶额叶皮层（OFC）作为道德情感的功能中心，其功能活性较低；

边缘系统功能：是动物本能中心，其功能活性较高，表现为贪念、性占有欲望强烈，嫉妒感与仇恨感突出。

另外，掠夺性犯罪人，其边缘系统中的纹状体比普通人的要大10%（杏仁核指向贪婪的功能，对奖励的过度追求倾向），而其神经抑制系统存在缺陷（冲动抑制时反应太慢）。

例如，1999年美国科罗拉多州杰佛逊郡科伦拜因中学的埃里克·哈里斯（Eric Harris）和迪伦·克莱伯德（Dylan Klebold）实施的校园枪击案、2007年弗吉尼亚理工大学校园枪击事件就是属于反应性暴力犯罪。而上文中的杨某杀人案则是典型的由反社会人格激发的掠夺性犯罪。

16

杀人犯罪动机

杀人犯罪，是指故意非法剥夺他人生命的行为。

故意杀人罪是侵犯公民人身权利和民主权利犯罪中最严重的犯罪之一（西方刑法一般称为“重罪”）。此类犯罪的客体是人不可被侵犯的生存权，对社会造成的消极影响极大，各国刑事司法均予以严厉的惩罚。

谋杀犯罪人的心理特征存在着倾向性与相似性，具体表现为：

杀人犯罪动机

报复杀人动机即“因报复而杀人”。这是最为常见的杀人动机。在杀人犯罪案例中，因报复而杀人的占65%。引起犯罪人产生报复动机的原因通常涉及双方的利益冲突、遭受身体伤害或精神伤害后的痛苦体验、一次或多次极端痛苦的经历、职场上不可调和的冲突、自己的非法行为或者隐私受到被害人揭露等。

谋财杀人动机即“因谋财而害命”。犯罪人杀人是由于利欲驱动，它在许多时候与其他犯罪联系在一起。其中最为常见的有杀人抢劫和抢劫杀人、盗窃杀人、为骗取赔偿金而杀人、为骗得保险金而杀人、为获得赌资而杀人、为勒索钱财绑架人质并撕票杀人、为了钱财而充当杀手杀人等。杀人起因主要是谋财，谋财受阻或者担心危险。

情绪情感杀人动机即“因人际冲突而杀人”。因为婚恋、家庭内部的矛盾，对他人的嫉妒、憎恨等也是常见的杀人动机。其中，在已经建立起了比较亲密的人际关系中，因嫉妒与仇恨等情感动机而引发的杀人犯罪是较为突出的情形。美国犯罪学家沃尔夫冈（M. Wolfgang）的研究发现，在59%的男性谋杀案和84%的女性死者中，被害人与犯罪人是熟人或者有关系的人。拉肯比尔（Luckenbill）对70宗杀人犯罪案件的情境转换历程进行研究后指出，杀人犯罪的产生常常是杀人犯和被害人的一连串动作与情绪反应相互影响、彼此激怒，进而升级到暴行与杀人的水平。国内的调查也发现了类似的情况：杀人犯罪案件中，杀人犯与被害人相互认识的占76.2%。这明显高于其他种类的犯罪中被害人与犯罪人相互认识比例的平均数。而且，犯罪人与被害人之间产生强烈冲突的比例很高（95%），有77.6%的被害人在被害之前与犯罪人发生过严重的冲突。

仇恨杀人动机由个人之间的恩怨累积而起，或是由一次突发的事件诱发。这都与杀人者的已有认知方式或者行为习惯有重要的直接或间接关联。当前，在西方国家，仇恨杀人已经演化出一种超越普遍人际冲突的类型：仇恨杀人也可以由文化冲突、宗教信仰冲突等引发，如对某些宗教思想的极端敌意而杀人、对其他特定民族文化的排斥而杀人、对“同性取向者”的憎恨而杀人、对外来移民的敌对而杀人等。这种情形下，可能出现“无差别杀人犯罪”：犯罪人与被害人之间并不相识，也没有具体的利益冲突，被害人仅仅是因为代表了某种文化或群体的符号而被杀。

隐罪杀人动机是指因掩盖罪行而杀人。有的犯罪人为了掩盖自己的其他罪行（当事人担心劣迹暴露后影响自己的前途或者重要生活方面）而杀人灭口，如强奸后杀人、抢劫时害怕被害人报警或提供线索而杀人。

病理杀人动机是指因心理变态而杀人。这类杀人犯通常是心理变态者，如人格障碍者（尤其是反社会型人格障碍者、偏执型人格障碍者、分裂型人格障碍者、边缘型人格障碍者等）、性变态者（如施虐狂者、恋童癖者、恋尸癖者）与精神病者（如偏执狂、精神分裂症患者）。其中，精神病态者具有特殊的杀人（残害）动机，由于病态的人格特征与情绪情感缺陷，其杀人动机怪异而强烈，难以预防与矫正。

在所有的杀人犯罪动机中，无论是表达性杀人动机还是工具性杀人动机，无论是预谋杀人动机还是情景冲动杀人动机，与其他类型的犯罪动机相比，大多数具有强烈的特征，其强度一般会超过个体自身的调节能力。

在刑事司法实践中，常见的谋杀犯罪动机包括：

第一动机：贪婪动机，为满足贪婪的财物欲望而杀人，属于典型的掠夺性犯罪。

第二动机：情感动机，因嫉妒情感而杀人，多是熟人之间的预谋性或冲动性杀害，属于反应性犯罪。西方国家的报告显示：谋杀犯与被害人之间，是亲密关系人的占 48%，是家人关系的占 32%，纯粹是陌生人的仅仅占 19%。

第三动机：仇恨动机（愤怒情结），因不断积累的愤怒情绪而实施的报复杀人，属于反应性犯罪。绝大多数的校园暴力和枪击事件，都由此类仇恨动机引发。

偏激的认知特征

社会信息加工理论与社会学习理论是解释暴力犯罪心理形成的主流理论。对于杀戮心理而言，挫折是妨碍个人进行有目的行为的客观情境和随之产生的情绪状态，是杀人行凶的基本驱动力；挫折与极端的攻击行为之间存在密切的联系。其中不仅包含着挫折情境，还包含着个体对挫折情境的认知与解释以及应付挫折的能力。换句话说，在同样的挫折情境面前，具有不同认知特征和挫折应对能力的个体，会出现不同的行为反应。有人采取攻击行为（包括直接攻击和替代性攻击）作为反应，这种极端化、偏激的认知方式是杀人犯罪更为直接的起因。

蓄意式冲动杀人者的认知是偏激的、简单化的。他们更倾向于以原始的、直截了当的方式解决问题。杀人犯在对冲突情境的归因方面，倾向于作外归因，即将引起冲突的原因归于他人或环境，而不是自身。这是行为人典型的认知偏差。一项针对 41 项关于侵犯和敌意归因之间关系（总样本量为 6017 人）的回顾性研究，肯定了侵犯行为与敌意归因之间的高相关关系。同时，在认知特征方面，故意杀人犯罪人往往缺乏足够的认知资源来解决危机事件：因为认知范围狭窄，行为观念缺乏灵活性与变通性。习惯性暴力犯罪人还具有典型的道德推脱倾向（以无意识机制发生），降低自我的内心自责感。

宣泄的情绪特征

故意杀人犯罪的发生，可以在激情状态下发生，也可以在冷静理智的状态下发生。由于杀人行凶行为本身所具有的疯狂、残忍的特征，即使是理智状态下的杀人犯罪，在很多情形下，也是受到某种强烈的情绪情感的影响。将杀人作为获取某种利益的手段的工具性杀人犯罪，如强奸杀人或抢劫杀人等犯罪，由于被害人的激烈反抗或者惊恐情绪，也会引发杀人者反应行为的疯狂与情绪的高涨。相对而言，情绪情感影响下的表达性杀人犯罪，犯罪人的情绪更具宣泄性。宣泄的情绪往往是基于之前人际交往过程产生的愤怒、憎恨等消极、压抑的情绪。此类犯罪行为人在性格特征上一般较为内向，并且在事件发生时很可能正遭受多种叠加的情绪情感挫折，正经历着情绪情感的低谷期。受负面情绪的干扰，在面临危机事件或者诱发事件时，犯罪行为人情绪力量占主导，其认知能力快速下降，不能较好地运用应对策略来处理人际关系中的冲突。

戾气的人格特征

杀人犯罪者选择以杀人的方式来解决自己遇到的困境，或以杀人来满足自己的欲望。犯罪动机是直接的驱动力，而在持续性犯罪动机作用下形成的、习惯化的人格特征是间接而稳定的支持力量。暴力犯罪行为人人格特征中的某些因素，可能导致其倾向于用极端的暴力手段解决人际冲突。其人格往往具有内向性、懦弱性、偏执性、冷酷无情等特征；而戾气的性格是杀人犯罪者共同的人格特征。

梅加吉（Megargee）的早期研究指出，高度攻击者具有低自我控制与过度控制两种人格特征：低自我控制者无法抵制攻击冲动，当其面对强烈的挫折或被人际关系激怒时，即用暴力来应对；过度控制者则具有较高的挫折容忍能力，能够经得起一般水平（甚至中等水平）的挑衅，也能接受社会规范的约束。但当挫折感受超过其容忍阈限时，则可能比低自我控制者采取更为强烈的暴力行为。对杀人犯罪者的气质类型检测，也发现了相应的结果：68 名青少年故意杀人犯中，典型的气质类型比例是：黏液质占 33.9%，胆汁质占 27.9%，多血质占 11.8%，抑郁质占 58.8%，混合型占 17.8%。杀人犯罪者中黏液质比例最高（这与抢劫犯罪人存在着明显的差异），这表明黏液质的杀人者与低自我控制者的情况相符合：平常沉着稳重，善于克制忍让，明显内向，但在遇到挫折、困境时，内心体验非常强烈。多数人不会立即做出攻击反应，而是将不满与愤怒压抑在内心，寻机报复。当心理压抑到一定程度时，在特定事件的诱发下，报复之心则以宣泄的方式表现出来，具有强烈的情绪特征。胆汁质比例居于其次，他们的激惹性较高，急躁易怒，受到挫折、侮辱及损害时容易立即失去理智，冲动之下容易发生伤害、杀人等暴力行为。这一特点，冲动性杀人犯罪者与抢劫犯罪者大致相同。

对抗的人际特征

杀人犯罪可以针对陌生人，也发生于熟人之间，甚至发生于已经建立起某种亲密关系的人之间。对 1999—2006 年 493 个故意杀人案件的分析表明，相识型被害要远远多于不相识型被害，不相识型被害只占总样本的 19%，至少有 73% 的故意杀人罪被害人与加害人相识，如村民、邻居、亲属、恋人和情人关系等。另一项对北京、内蒙古、深圳三地凶杀案件的调查，发现大部分凶杀犯罪发生在相识的人之间，完全发生在陌生人之间的凶杀犯罪在凶杀犯罪总量中的比例仅为 36.8%。

在具体的杀人犯罪案件中，表达性行为与工具性行为可以相互转化。熟人之间发生的故意杀人犯罪，以表达性行为为主，但在一些情形下，犯罪人也会在现场表现出动机派生的情形，如伴随性侵害、侵占被害人财物等。以陌生人为主要被害人的工具性行为中，犯罪人伤害或杀死被害人是为了满足其主导性的性需求或财物需求等，但在具体实施过程中，暴力情境使其产生高度的兴奋感、控制感，也可能导致犯罪人为追求心理的满足而将暴力犯罪作为情绪表达的方式。另外，杀人犯罪中的动机可以发生转化与融合。犯罪情景中的人际激烈互动以及犯罪同伙的教唆、示范，会促使犯罪后果的扩大化，甚至大大超出犯罪人自身的计划和设定的目标。

例如，家庭暴力多为反应性暴力，仅有极少数会处心积虑地通过婚姻来达到不可告人的目的，如电影《东方快车谋杀案》《尼罗河上的惨案》所描写的犯罪人那样。

而职场暴力中有反应性暴力，也有隐蔽的掠夺性暴力（为了职场利益而显性或隐蔽地实施的暴力性掠夺）。

17

家庭暴力犯罪

家庭暴力（domestic/family violence，DV/FV），指基于共同家庭生活，行为人对其家庭成员实施暴力而对他们身体和精神上造成伤害的行为。家庭暴力不仅是一个社会问题，也是一个精神卫生和公共卫生问题。

国际上对家庭暴力的定义是发生在有抚养关系的家庭内，表现为重复发生的人身虐待，并伴随精神折磨、忽视基本需要和性骚扰等使受害者遭到严重伤害的行为。而我国对家庭暴力的定义是行为人以殴打、捆绑、残害、强行限制人身自由或者其他手段，给家庭成员的身体、精神等方面造成一定伤害后果的行为。

家庭暴力行为具有违法性，甚至刑事司法性，会给受害人带来持续的伤害，但是家庭暴力的特殊性表现在：

对象的特定性：家庭暴力的主要受害者是妇女、儿童和老人。

行为的隐蔽性：家庭暴力一般发生在家庭内部，发生时大都无目击证人，并伴随某些传统思想（如“家丑不可外扬”）的影响，很少被外人知晓，可称之为“悄悄的犯罪”。

违法犯罪过程的循环性和持续性：家庭暴力隐蔽性的特点，使其得不到及时有效的阻止或疏导，往往呈现循环性和持续性。

家庭暴力的类型

依据表现形式，家庭暴力划分为**身体**暴力、**精神**暴力及**性**暴力。

身体暴力指施暴人对被害人身体直接的暴力行为，如殴打、推搡、打耳光、脚踢、使用工具等，也包括对被害人身体间接的暴力行为，如不对有病的家人进行医治等。

精神暴力指施暴人出于精神控制的需要，采用威胁、恐吓、骚扰、羞辱、贬低人格、精神折磨等手段对被害人的心理和精神施加影响的行为。也有学者将经济限制、无端猜忌，甚至唠叨等也称作精神暴力，并认为这是深层次的精神暴力。

性暴力指施暴人故意伤害、摧残被害人性器官，或强迫与被害人发生性行为等。

以施暴的个体性别为标准，家庭暴力犯罪区分为男性暴力犯罪和女性暴力犯罪。

虽然在大多数情况下，男性是施暴的主宰者，女性在家庭暴力中扮演着受害者的角色，但是女性作为施暴者的家庭暴力犯罪正呈现上升的趋势。由于女性角色的特殊性，其实施的暴力犯罪具有较大的隐蔽性，带来的社会危害也是非常大的。女性实施暴力犯罪最重要的原因是家庭暴力，其次是邻里关系不和，以及暴力文化、贪图财物等的影响。

以暴力的受害者为标准，家庭暴力划分为**配偶**家庭暴力、**儿童**家庭暴力、**老人**家庭暴力三种类型。

配偶家庭暴力指配偶一方遭受另一方的言语、身体和性暴力伤害。配偶暴力使妇女和儿童深受其害，它不仅侵害了受害人的人权，而且破坏了家庭团结和社会稳定，往往造成非常严重的后果。女性犯罪人由被害人到犯罪人的“恶逆变”已成为女性犯罪的重要特点之一。2007年，辽宁进行的一项针对女性犯罪的调查发现，50%的女性犯罪是由于家庭暴力引起的，其中造成重伤害的女性犯罪中，80%的案件是由家庭暴力引起的。2005年，北京市海淀区检察院对在押的全部女性犯罪嫌疑人进行调查发现，逮捕前她们遭受过家庭暴力的比率是35.7%。

儿童家庭暴力指父母或者家庭成员对儿童施加身体伤害、精神伤害、性虐待。它会导致儿童的身心健康受到严重伤害。在近二三十年中，多数国家的儿童家庭暴力呈现出日趋严重的态势。

老人家庭暴力指施暴人引起家庭中老人生理和心理伤害、恐惧和不安的言行，如殴打、恐吓、拒绝赡养或者照顾不当等。近年来，较多的国家中老人家庭暴力呈现逐年上升的态势。

家庭暴力的现状

配偶暴力是家庭暴力的主流

家庭暴力是一个全球性的问题，2002年世界卫生组织（WHO）发布的《全球暴力与健康报告》（*World Report on Violence and Health*）称：家庭暴力可发生于任何种族和任何社会阶层，不论是发达国家还是发展中国家均会发生。

西方国家对家庭暴力的研究较早。1975年美国进行的第一次全国流行病学调查中发现，28%的妇女曾遭受过家庭暴力。2001年英国调查资料表明，近35%的妇女遭受过丈夫或者同居男性伴侣至少一次的暴力。加拿大多伦多大学妇女健康中心对 8771 名妇女进行了调查，发现在 5 年内遭受过人身自由限制的妇女占 17%，其中遭受精神暴力的妇女占 27.1%，遭受重度躯体暴力的妇女占 7.3%。

儿童家庭暴力日趋严重

安德森（R. Anderson）和托利弗（E. Taliaferro）1998 年进行的一项调查研究显示，美国每年约有 200 万名儿童遭受虐待，其中 16.9 万名儿童遭受到严重的身体暴力。汉亚（L. Hanyay）对加拿大儿童遭受家庭暴力现状调查的结果显示，男童和女童遭受躯体虐待的发生率分别为 15% 和 25%，遭受性虐待的发生率分别为 5% 和 25%。

根据美国卫生部 2003 年统计，儿童被害者中有 60% 受到忽视，约 20% 受到身体虐待，约 10% 受到了性虐待，另外，8% 受到情感虐待，但实际上，许多情感虐待案件可能根本未被报告。2006 年桑（D. K. Soon）等人根据儿童受虐程度将儿童虐待分为重度身体虐待、中度身体虐待和情感虐待，并对 5141 名中学生遭受儿童虐待的发生率进行了回顾性调查，结果发现童年期遭受反复重度身体虐待的报告率为 8.0%，遭受反复中度虐待的报告率为 18.6%，遭受反复情感虐待的报告率为 14.4%。儿童家庭暴力受到年龄、性别等人口学变量的影响，在儿童虐待案中，3 岁和 3 岁以下儿童受害比例最高，随着年龄的增加，比例会下降。男孩和女孩受到的忽视、身体虐待和情感虐待大致相同，但女孩遭受情感虐待的可能性是男孩的 4 倍。

老人家庭暴力逐年上升

随着全球人口老龄化进程加快，老人家庭暴力的发生率也逐年上升。2011 年对 5777 位 60 岁及以上的老年人受虐发生率调查显示，约

10% 的老年人经历了各种形式的虐待，其中虐待形式比例较高的是经济虐待和忽视，发生率分别为 5.2% 和 5.1%。拉波扎（K. A. Rapoza）通过对 76 起老人家庭暴力的发生类型和特点的性质研究，按照暴力的严重程度将其分为严重、中度和轻微暴力，结果发现：老年人遭受严重暴力中以躯体虐待和忽视为主；中度暴力以精神虐待最为常见；轻微暴力以精神虐待和忽视最为常见。

家庭暴力对儿童的影响

依据儿童是否直接成为被施暴的对象，探讨家庭暴力对儿童的影响分为两种情况：家庭暴力对儿童的影响；目睹家庭暴力对儿童的影响。

家庭暴力对儿童的影响

- 行为影响：高攻击性。
- 人格特质形成的影响：攻击性人格。
- 对人格障碍形成的影响：焦虑障碍与反社会型人格障碍倾向。
- 对社会信息加工能力造成破坏。
- 增加青少年违法犯罪风险。

目睹家庭暴力对儿童的影响

- 诱发认知发展障碍。
- 导致人格障碍。
- 形成人际交往障碍。
- 增加青少年违法犯罪风险。

18

性犯罪的生物驱力

性犯罪指特定刑法所禁止并予以刑事惩罚的性行为。

性犯罪对社会、被害人与犯罪人自身均具有明显的危害性。对社会的危害性：对社会关系与法律的侵害，严重妨害了社会良好风尚；对被害人的危害：对被害人的生理、心理以及生命的直接损害，以及对其家庭或其他特定关系人的消极影响；对犯罪人自身的危害：严重侵蚀其正常的意识与习惯，甚至导致形成性偏差、性变态心理，以及留下"污名标签"。

整体而言，性犯罪心理的形成无疑是行为人生理、心理与社会因素共同影响、相互作用的结果。个体早期与青春期的经历（尤其是性创伤体验）、青少年的性心理成熟水平、性信息的认知与归因、社会性与色情文化的影响等方面，被认为是性犯罪心理塑造中的关键因素。而性犯罪心理形成中，个体的特定生理因素具有非常特殊的地位。其中，与性犯罪关系较为密切的神经生物因素有性激素、脑神经结构与功能异常等。

性激素与性犯罪

在研究性犯罪原因的生物基础时，性激素的地位尤其突出。雄激素是男性生理与心理特征的生物特异性因素，具有典型的进取性或攻击性的生物驱动力。有很多研究者对作为雄激素代表的睾酮水平与性攻击之间的关系进行了研究。与普通大众对持续性强奸犯罪人的经验看法相一致，学术界比较倾向的看法是：睾酮与性攻击之间存在高相关，高睾酮激素水平导致高性攻击行为。但是，也有研究发现性攻击者与正常人的睾酮水平没有显著差别。因而，当前在以高睾酮水平解释性犯罪时需要谨慎对待。

另外，也有学者认为，男性较低的雄激素水平也可能是引发性暴力侵害的生理及心理原因：较低的雄激素水平让成年男性感到由于缺乏男性的性感特征（可能是某些客观线索，或纯粹为个体的主观感受）而人际交往与亲密关系建立中的自卑感与失败感；随着自卑感的累积，可能引起如性变态方面的心理疾病，或引发补偿性或报复性的性犯罪，如剥削型强奸犯罪、虐待型强奸犯罪，甚至恋童癖犯罪、恋青少年癖犯罪。

脑神经与性犯罪

性偏差行为的出现可能与大脑发育异常导致的神经功能障碍有关，尤其是控制神经递质的浓度和释放的神经调节异常，这些神经递质包括5-羟色胺、去甲肾上腺素和多巴胺。其中，5-羟色胺与一般性唤醒、注意和情绪有关；去甲肾上腺素对于警觉、驱动和动机的维持是很重要的；多巴胺与愉快体验和奖赏有关。有研究表明，5- 羟色胺的水平下降会促进性行为，水平上升会抑制性行为。费希尔（Fisher）等人提出个体存在一个吸引系统（attraction system），在这个系统的支配下，个体会对自己所偏爱的交往对象倾注更多的注意，在人类身上常会出现愉悦感、对恋爱对象的侵入性想法以及与伴侣产生情感联结的强烈渴望、研究表明，这种情绪状态主要与多巴胺和去甲肾上腺素水平的提高以及 5- 羟色胺的水平下降有关。

有研究者试图通过脑成像和脑功能的研究来探究性犯罪的原因。通过比较发现性犯罪人出现大脑不对称的比例要大于正常人，而这极有可能是额叶—颞叶异常所导致的。如通过对性犯罪人和正常人的大脑进行测量发现，性犯罪人的大脑左半球比较小，左侧额叶和颞叶区域也比较小；脑成像的研究也发现了额叶和颞叶的异常；对性犯罪人的执行功能进行检测，发现他们存在执行功能障碍，这可能与额叶损伤有关。性犯罪人存在低级执行功能（如持续性注意和抑制功能）障碍、言语功能缺陷，但是他们的高级执行功能（如推理和认知灵活性）以及视觉空间加工能力正常，这些可能是额叶—颞叶异常导致的结果。此外，神经生理方面的研究也发现，11 岁时的低静息心率可以很好地预测 21 岁时 81% 的暴力犯罪和 67% 的性犯罪：暴力犯罪人与性犯罪都存在着明显的静息心率较低的现象。这些发现表明：性犯罪人有可能存在着不同于正常人的神经生理基础。当然也有人得出不一致的研究结果，认为性犯罪人与正常人在大脑的某些功能上并没有显著性差别。在以后的研究中仍然需要完善的研究设计和验证性的研究，以更加清晰地了解性犯罪人的神经生物学特性。

酒精、精神药物等特定的生化物质与性犯罪

这些生化物质影响人神经系统的功能和心理过程的正常活动，造成兴奋和抑制过程的混乱，大大降低自我控制力。下丘脑是人的性兴奋与控制中枢，而严重的醉酒状态会使人的大脑皮层与意识失去对下丘脑的基本影响。在这种情形下，行为人容易变得低俗、放荡、大胆、冲动，而表现出更多的原始本能状态，出现平时不会发生的原始与野蛮行为。

据此，对于性犯罪者，一方面是通过严刑峻法予以打击，另一方面是对他们进行矫治。国外学者对于性犯罪的治疗进行了很多的尝试，虽然成功率很低，但仍旧在继续探索。性犯罪的治疗可以分为四种主要类型：

- 唤起治疗法（evocative therapy），主要目的在于帮助罪犯理解他们性行为的原因和动机，并增加罪犯对性攻击被害人的同情。
- 药物治疗（drug treatment），通过使用抗雄激素和抗抑郁药物来降低性唤起能力和减少频繁的不正常的性幻想。极端的方案是以雌性激素疗法或抗雄激素疗法（化学阉割法）来惩罚、治疗强奸累犯、恋童癖犯罪人。在有些西方国家，化学阉割不仅仅是对严重的性犯罪人的矫正治疗方案，也是一种强制的刑事惩罚。
- 心理教育咨询（psychoeducational counseling），通过团体咨询的方式来改善个体的社交技能；心理教育包括愤怒管理、预防再犯的原则以及其他主题，包括人类性行为的知识、约会以及

有关性和社交的错误认知等。

- 认知行为治疗（cognitive behavior therapy），行为方面主要关注点在于罪犯的性偏好，认知方面的主要任务是改变信念、幻想、态度，以及将那些性暴力行为合理化的固有观念。

19

强奸犯罪人的动机与人格

强奸犯罪是性犯罪中最为典型的，它具有暴力犯罪和性犯罪的双重性质，是一种极其严重的性犯罪。强奸犯罪不仅对被害人的身心造成极大的伤害，而且严重扰乱公共秩序，践踏人性的尊严，给社会治安造成较严重的消极影响，包括暴力强奸、欺诈强奸、法定强奸，以及约会强奸、熟人强奸、婚内强奸等。

强奸犯罪与犯罪人的性欲动机之间存在密切联系是无可置疑的。20 世纪 60 年代以来，有的研究者提出了强奸与社会文化有关，强奸犯罪是暴力行为而不是单纯的性犯罪的观点，从而引起研究者从多个角度揭示强奸犯罪的动机。有的研究者根据犯罪人的动机对强奸犯进行分类，这对于打击和预防强奸犯罪以及对强奸犯罪人的矫治具有重要的循证价值。

强奸犯罪动机

西方国家有代表性的以犯罪动机为标准进行的强奸犯罪人的分类是：

马萨诸塞州治疗中心分类法

以科恩（Cohn）为核心成员的美国马萨诸塞州治疗中心研究组认为强奸犯罪动机包括**性欲**动机和**攻击**动机，具有性与攻击两种特征。这一研究建立了一个包括这些特征的行为分类体系，即马萨诸塞州治疗中心强奸犯分类。此分类把强奸犯分为四大类：

- **替代攻击型**强奸犯。这类罪犯对妇女有敌意，一般都有调戏甚至侮辱妇女的前科，强奸行为只是为了对被害人造成肉体伤害以发泄其愤怒，而不是（或者主要不是）追求性欲的满足，所以，性兴奋是很小的。他们实施强奸行为的过程中充满愤怒，手段残忍，而且往往与被害人素不相识。
- **补偿型**强奸犯。这类罪犯强奸的动机就是满足性欲，攻击性很小。他们实施强奸犯罪行为前往往经过多次幻想和准备，不是一时冲动所为。这些人的人格不成熟，性适应不顺利，早期有窥淫癖、露阴癖等迹象。在强奸过程中，如果被害人坚持反抗，犯罪人往往会放过她们，停止犯罪行为。
- **性与攻击两者兼有型**强奸犯。这类罪犯的性行为常常带有暴力，攻击具有色情意义，攻击行为是唤起性欲必不可少的手段。他们中的绝大多数人仅仅是为了唤起性欲才对受害人施加性虐待行为，一旦性行为结束，就不会进一步加害对方。这类罪犯可能由于被害人的强烈反抗而演变为强奸杀人犯，对社会的危害严重。据学者调查，这类罪犯很少。
- **冲动型**强奸犯。这类罪犯的强奸行为常常由外在的、恰当的机会附带产生，如入室盗窃发现妇女独睡，抢劫过程中偶然触及妇女性感部位顿时萌发强奸动机，在这之前罪犯既无性动机，也没有攻击的欲望。此又可称为“盗窃强奸犯”“抢劫强奸犯”。

格罗斯等人的强奸犯分类

性欲满足动机是强奸犯罪的基本动机，它在各类型的强奸犯罪行为中都有直接或间接的体现。但在性欲动机之外，强奸犯罪中还普遍存在着非性欲动机的情况。在对500名性犯罪人进行分析研究的过程中，美国学者格罗斯等人十分重视强奸行为中的非性欲动机，强调权力动机和愤怒动机，将强奸犯罪人分为以下三种类型：

- **权力型**强奸犯。这种类型的罪犯通过强奸行为寻求控制和权力，获得支配权，以减轻不安全感和自卑，恢复自信。
- **愤怒型**强奸犯。这种类型的罪犯通过在强奸过程中使用报复性的暴力，表达对妇女的敌意、轻视和憎恨，性的满足处于次要地位。
- **虐待型**强奸犯。这种类型的罪犯将性与暴力融合在一起，除强暴外，还以捆绑、鞭打、烧灼等残忍的方式折磨被害人，从中得到极大的满足。

在格罗斯等人的调查中发现，罪犯中的55%属于权力型强奸犯，40%属于愤怒型强奸犯，只有4%属于虐待型强奸犯。

美国联邦调查局对强奸犯罪的划分

美国联邦调查局在格罗斯等人分类的基础上，结合刑事实务的目标指向，提出了以区别性需要（动机）为基础的强奸犯罪人分类：

- **能力证明型**。从统计学上看，这是最为常见的强奸犯罪类型，其主要的驱动力是消除他们对自己的性功能不全或者阳刚之气不足的疑虑或恐惧感；一般来说，在作案时不会大量使用暴力。如果最初的企图受到阻碍，犯罪人可能会转而寻找第二个被害人，甚至可能在同一天再一次作案。由于其主要的犯罪动机是消除对性无能的恐惧感，所以他们只有被逮捕或被监禁时才有可能停止犯罪行为。
- **能力过分肯定型**。犯罪人对自己的男子气概非常自信，并且将自己的强奸行为视为这种男子气概的表达方式。这类犯罪人在作案的最初阶段，可能表现出友好和没有恶意，可能不常使用暴力，不过在随后的作案过程中往往会使用较高水平的暴力。这类犯罪人在地理学特征上具有分散性，但作案地点往往是他们熟悉的或感到安全的地点，“约会强奸”就是这类型的典型。
- **愤怒—报复型**。这种类型的强奸犯罪人将作案看作表达自己的愤怒和敌意的一种方式。他们似乎对女性整体有很多的愤怒和仇恨，并且将强奸行为看成表达或释放这种愤怒的一种方法。相应地，他们会极端地使用暴力，并可能在贬低被害人的过程中获得快感。特定的被害人之所以被犯罪人盯上，可能是因为她看上去像使他产生仇恨心理的那个人。其强奸行为的发生通常是无事先计划的，因而，这类型的强奸也被称为突袭强奸。但其作案的时间间隔较有规律性，通常是在其仇恨和愤怒达到了难以忍受的水平之时发生。
- **愤怒—兴奋型**。这是一种具有一定变态性的强奸犯罪，犯罪人似乎通过观看被害人的痛苦和恐惧而获得快乐与兴奋。犯罪人为了使被害人恐惧与服从，常常给被害人带来痛苦。这类犯罪人会以一种非常详细的和系统的方式计划其犯案行为：在作案前可能进行数次的作案预演，以确保犯罪的顺利进行。他们总是在身体上控制被害人，然后在长时间内实施性分割，从而引起被害人的恐惧和强烈的痛苦。犯罪人很可能对自己的犯罪行为作记录，用拍照或录像形式记录被害人的痛苦。由于犯罪人的计划性及作案时间的变化，对其犯罪预测的效果较差。

与此分类紧密相关，美国联邦调查局还将强奸犯罪人分为“自私的强奸犯”和“利他的强奸犯”。其实质是为了司法活动的实务需要而做出的一种操作性划分，因为所有的强奸行为必然是为了满足极端自私的个人欲望。这种划分所指的是犯罪人在实施强奸行为过程时所表现出的关心被害人的程度或行为方式差异。如“利他的强奸犯罪人”往往试图让被害人参与到强奸行为之中，较少使用身体暴力和伤害性的语言，在强奸行为之前会抚摸被害人的身体，以及要求被害人的亲昵行为等。这种分类对于侦查人员来说可能是直接、有用的犯罪嫌疑人线索（如在实施犯罪行为之前或之后，犯罪人很可能会出现在被害人生活周围）。不同类型的犯罪人具有不同类型的人格特征：“利他的强奸犯罪人”的行为可能来自其自信心的缺乏。而“自私的强奸犯罪人”可能更加自信，同时具有较强烈的控制欲望，攻击性与暴力性更强。

强奸犯罪人的人格特征

强奸犯罪人与普通人、其他犯罪人在人格特征方面存在的差异：

高性唤起水平

在强奸犯罪人的性唤起研究中，最常用的方法就是阴茎体积描记法，即给个体呈现一些包含性内容的幻灯片、录音、录像的刺激或要求个体自我想象，然后测量其阴茎体积和直径的变化。1984 年的一项研究表明强奸犯罪人容易被那些描绘强迫性行为的刺激所唤起，并且有研究结果与之保持一致：强迫性行为更能引起强奸犯罪人的性唤起，而合意性行为更能引起非强奸犯罪人的性唤起。也即强奸犯罪人更偏爱攻击方式的性行为。

认知能力较低

总体而言，强奸犯罪人的智力水平并不高（即使在罪犯人群中也是如此），加之他们的性意识往往是具有违反道德和法律观念（越轨倾向）的，带有反社会性的特征，所以，他们用理智控制冲动的能力不足而采用触犯法律的强奸行为来满足自己的性欲。

其中，在强奸犯罪人对待异性的态度方面，大部分强奸犯罪人属于男权主义者，认为男性应该在工作、家庭和社会生活，包括性生活方面都占据支配地位，而女性则应该服从男性。有研究发现那些认为女性应该扮演“传统角色”的男性更倾向于把强奸归为女性的错。

低共情能力

多数强奸犯罪人的情感生活扭曲，而且人际的共情能力较差（包括感知与体会别人痛苦情绪的能力）。强奸犯罪人为了满足自己非法的性欲求或控制感，可以置被害人的痛苦于不顾，甚至以摧残被害人为乐趣，把自己的快乐建立在别人的身心痛苦之上。

社交水平较低

强奸犯罪人的人际沟通能力，尤其是与异性沟通的社交技能差。他们不善于表达，也常常错误地理解对方的意思，从而激发了认知与行为上的偏差。

社交能力，尤其是与女性的交往能力是成年人维持亲密关系的必要条件，一些有社交障碍的个体找不到合适的伴侣，在某些情况下就会通过强奸来释放性冲动。强奸犯罪人和非强奸犯罪人的比较研究发现，强奸犯罪人相对缺乏自信，容易焦虑，社交能力低下，尤其是缺乏谈话技巧；在理解女性所发出的消极情绪信号方面存在障碍；强奸犯罪人在与异性交往的互动过程中存在认知线索选择、线索理解上的缺陷。

挫折耐受力低

强奸犯罪人大多数有明显或隐藏的自卑感，这较可能来源于早期的性创伤经历，或青春期及成年早期的情感关系挫折事件；也可能与其性机能障碍、雄激素相对不足有关（生理机能缺憾引发的精神无能感、自卑感）。大多数强奸犯罪人的心理适应能力很差，在遇到日常人际挫折时（尤其是亲密关系或者自认为亲密关系障碍时），很容易自暴自弃，或者在强烈的自卑感冲击下产生逆反或报复心理，以相对弱小的女性作为“替罪羊”而实施报复型、弥补型的性犯罪。

20

女性犯罪人

女性犯罪已经成为我国犯罪现象中的重要部分，是犯罪现象中的一种独特类型。

自从有犯罪现象以来，女性犯罪率一直很低。纵观我国的女性犯罪发展史，有材料显示，20 世纪六七十年代，女性犯罪只占犯罪总数的 2% 左右；在 20 世纪 80 年代中期以前，女性在总犯罪人中的比例始终低于 5%。2000 年时，女性罪犯占罪犯总数的比例上升到 4.5%，而近 5 年，女性罪犯占比为 6% 左右，而在经济发达的沿海地区可能达到 8%—10%；近 20 年来，女性的犯罪率与女性罪犯的总量均呈上升的趋势。

对我国女性犯罪的调查显示：在女性犯罪中，以财产犯罪、性犯罪、诈骗犯罪、家庭暴力犯罪最为突出。女性犯罪的主要类型是盗窃、伤害、毒品犯罪。据近年统计，我国的女性侵犯财产的犯罪占女性犯罪的 45%—50%，侵犯人身权利的暴力型犯罪约占女性犯罪的 20%，性犯罪和其他犯罪占 25%—30%。其中，出现了所谓的新女性犯罪人，就是随着女性参与经济政治及社会管理的机会增加而出现的女性犯罪人。

女性犯罪率的增长往往与女性在多大程度上参与社会生活有密切的联系。如“打工妹”大量流入城市增加了女性实施犯罪的机会。从犯罪类型来看，女性犯罪涉及的种类也变得更为多样化，如杀人、投毒、放火、盗窃、诈骗、贪污、组织卖淫等犯罪。

此外，女性犯罪呈现低龄化的特点：25—45岁的女性犯罪者已经超过女性罪犯总数的70%。近年来，高学历女性犯罪的数量呈上升态势。例如，高校中，女学生犯罪绝对数与增长率都高于男学生。

侠义精神假说，又称为骑士精神假说。1950年美国犯罪研究者奥托·波拉克（O. Pollack）在其《女性犯罪》一书中使用和发展了“天生犯罪人”理论创始人龙勃罗梭的冰山理论，以解释女性犯罪率低的现象。该理论认为在社会上几乎发现不了女性犯罪，因为大多数女性犯罪是隐藏着的。女性在社会化过程中形成和稳定了掩饰性的行为方式。例如，隐瞒月经期或在性交中假装性欲亢进、假装可怜利用同情心等。同时，由于女罪犯更倾向于充当教唆犯，而较少充当实行犯，她们总是利用性来操纵男性以达到自己的非法目的。由于这些原因，女性犯罪受到很大的掩饰，被司法机关处理的犯罪行为很少，如同冰山的一角。波拉克的这种理论被称为“骑士精神假说”，也即男性敬重女性、济弱扶贫的骑士精神，使得女性的犯罪行为受到了掩盖。

女性犯罪人类型

美国纽约州立大学教授玛格丽特·沃伦根据社区治疗计划中的档案资料和女性犯罪人（特别是犯罪少女）的社会成熟水平，将女性犯罪人分成三类。

冲突型女性犯罪人

这类女性犯罪人又称为神经过敏的女性犯罪人。

她们达到了一定的社会成熟标准，能够按照一定的价值体系行动，用这种价值体系评价自己和别人，理解社会生活中的因果关系，认识其他方面的需要与动机，能够接受说明自己行为原因的概念等。这类女性犯罪人有许多内在的消极心理，包括焦虑、有罪感、“堕落的”自我意向、“消极的生活稿本”、被歪曲的知觉、机能失调的行为等。她们的违法犯罪行为不仅代表着对文化压力的反应，也可能是由于某种家庭问题或长期持续的内在冲突而产生的。

冲突型女性犯罪人又可以分为两小类：

焦虑型。这类女性犯罪表现出许多情感失调的症状。例如，慢性的或强烈的抑郁症或焦虑，身心疾病。这些少女的紧张和痛苦，通常是由失败无能、潜在的有罪感产生的冲突所导致的，这种女性犯罪人占参加社区治疗计划的44%。

行为紊乱型。这类女性犯罪人占参加社区治疗计划女性的29%。她们对意识到的焦虑几乎没有忍耐力，并且经常有无能、被抛弃或自我谴责的感觉。她们可能通过以言语攻击别人、狂暴的举动、各种“游戏”等来表达这种感觉。冲突型的女性犯罪人公开敌视她们的母亲，有时候把自己的违法行为解释为试图给她们的母亲造成难堪和麻烦；她们往往来自神经过敏的家庭，在这样的家庭中，至少父母一方犯有严重的罪行，具有“堕落的”自我意向；她们常常有家庭负担或者试图解除负担。她们的违法犯罪活动通常违背了自己的信念，是由内心的冲突导致的。

权力型女性犯罪人

这类女性犯罪人又称为病态人格者或社会病态者，她们占女性犯罪人总数的14%。这类女性犯罪人很难正确判断人们之间的差别以及自己和别人之间的差别，很难正确估计别人的品性，不按内在的价值体系行动，而是追求行为规则和准则的外在形式，从追求权力中了解生活和自己的角色。她们经常以攻击性的方式试图反抗权力，试图损害和阻挠权威人物的意图；不愿意遵守任何人确定的规范，并且经常独自扮演一种权力角色。她们不会与别人建立亲密的或深信不疑的关系；通常总想创造出一种感情淡漠、沉着冷静和不受伤害的形象；经常公开发怒和进行威胁活动以成为注意的中心，在言语或体力方面经常表现出爆发性，在思维方面经常表现出多疑或自以为是。这种女性为自己能够成功地摆布或利用别人而感到自豪；所表现出的战无不胜的和粗鲁的外表，实际上是一种对她们的刻薄的父母长期存在的强烈恐惧和自然从属性进行掩盖的手段；她们中的大多数人都有一个冷漠、蛮横、排斥他人的父亲和一个软弱、无助、浅薄的母亲；她们轻视母亲而憎恨和害怕父亲，她们的违法犯罪行为可以看作对家庭的消极反抗和对感情的补偿。

消极遵从型女性犯罪人

这类女性犯罪人占所有女性犯罪人总数的 7%。这类女性犯罪人已经达到了与权力型女性犯罪人同样的社会成熟水平，但是，她们对权力的态度是不同的。这类女性犯罪人渴望得到社会承认，几乎自动地屈从于她们当时认为有权力的人；过高地估计别人的权力和能力，把自己看成无助的、孩子般天真的人；认为自己缺乏社会知识，常常认为自己的积极性行为会被别人拒绝；她们尽管想获得别人的认可，但是在同辈群体中仅仅属于次要的成员。她们的犯罪行为在很多情况下是为了赢得同辈朋友的承认、赞许而实施的。她们的家庭往往是不稳定和不协调的，她们感受不到父母的爱和力量，因而对父母的依恋是不确定的。她们缺乏足够的控制能力，没有可以防止越轨行为的内在信念体系。

21

女性犯罪行为模式

女性犯罪的主要动机是贪图物质享受与情感依赖，其犯罪的主要类型是经济财产型犯罪（如盗窃、诈骗）与情感型犯罪（如报复犯罪、家庭暴力犯罪、性犯罪）。与女性犯罪者的认知、情感和意志特征相联系，女性犯罪的行为特征主要体现为：

作案手段的非暴力性

相对男性而言，女性由于在体力上处于劣势，因而较少实施需要较高体力条件的犯罪活动。女性犯罪往往以女性自身的魅力和不易引起他人警觉、怀疑的社会心理，去实施相应的犯罪。例如，在财产犯罪中，女性涉及扒窃、盗窃商场物品，以身份作为掩护实施诈骗、色情抢劫、麻醉抢劫等犯罪形式，而很少进行公开抢劫或强行入室抢劫。即使在实施复仇暴力犯罪的时候，也大多采取间接的方式，女性犯罪行为具有明显的非暴力、非体力特征。值得注意的是，近年来，女性犯罪的暴力性也在快速上升，诸如杀人、抢劫、伤害等暴力案件上升明显，且有些女性犯罪手段也极其残忍，后果严重。

犯罪行为的色情诱惑与性色彩

女性犯罪直接或间接地与其情感生活相联系。或因情感不如意，产生报复性犯罪，如家庭暴力犯罪，或嫉妒（仇恨）犯罪。也可能为追求自我情感的依恋或所谓个人的情感生活，从而实施违法犯罪行为，不顾道德、法律的约束。

在女性参与犯罪行为之时，色情诱惑是其常用的犯罪方式，就是以女性的性别特征作掩护，或利用异性的爱慕、恻隐之心，以勾引、诱惑、欺骗手段，掩盖其实施的犯罪活动。例如，女性犯罪人盗窃的手段与方式特征就跟男性犯罪人不同。男性盗窃多用撬门入室、翻窗入室等手段，他们盗窃的工具是扳钳、刀子等，而女性盗窃主要是采用扒窃、偷窃等方法，她们盗窃的“工具”是色相和谎言。这些女性犯罪人大都是使被害人在丧失警惕的情况下进行盗窃活动的，因此，也容易使犯罪得逞。这样的盗窃行为，也使她们觉得钱财来得容易，相应地产生愉快、舒适的情绪体验，强化了她们的犯罪动机。在当前的青少年抢劫犯罪活动中，女犯罪人也占一定的比例。由于女性体力、胆量、经验不足，女性抢劫犯罪的手段，几乎都是用色情勾引。她们事先同男犯共谋策划，还有的女犯用卖淫的方法勾引。被色情勾引而上当受骗的男被害人，由于自己也有过错，一般都不愿意去报案，只要没有受到很大的伤害，一般被抢之后他们都自认倒霉，这往往也使得类似犯罪容易得逞或者被掩盖。

女性犯罪在多数情况下都与性有着较为密切的关系，如以出卖肉体为手段获取他人钱财或其他利益，或因放纵自己的性欲而陷入情感纠纷、家庭矛盾中，导致一些暴力性案件的发生。例如，一名曾经单纯美丽的女性，在别人撮合下组建一个并不和睦的家庭。而丈夫嗜赌如命，对她很粗暴，每次赌输后回家要不到赌资，就对她一阵拳脚相加。该女子在经受了长期虐待后，性格发生了变化，开始变得冷酷、自私。她利用自己的姿色，去获取自己需要的物质利益，既满足了自己的情欲与空虚的心灵，又获得了物质上的财富。久而久之，她变成了一个浪荡的女人，只要是她想得到的东西，她就用自己的色相与别人交换。最后，她的行为引起了丈夫的不满，丈夫与她发生了激烈的争执与身体暴力。为了报复丈夫，她在丈夫喝水的杯子里放入了烈性毒药，结束了丈夫的生命，也把自己送进了监狱。

犯罪行为的隐蔽性与欺骗性

与女性内在情感体验较强、不易轻易表露心迹和行为较为谨慎相适应，女性很少实施冲动性犯罪，女性的犯罪手段较为隐蔽、间接。女性在犯罪意图产生与犯罪行为实施之间存在着较明显的动机冲突、动机斗争的过程。犯罪行为的外化是其个人需要日益强盛而反社会性日益强烈的结果。因而，女性在犯罪前大多数有精心策划、精心准备的过程（至少她们认为自己的犯罪计划是严密谨慎的，所实施的犯罪是不易被发现的），具有较强的预谋性。在女性杀人犯罪中，这种预谋性就表现得更加突出。据某劳改农场对其关押的 180 名女性杀人犯调查，属于激情杀人的只占 5%，绝大多数都是深刻的思想斗争后，选择自认为适当的方式和手段实施的。女性杀人多是下毒、纵火，或选择趁被害人醉酒、昏迷、熟睡等失去反抗能力时实施。这与男性杀人的直接、面对面实施有明显的区别。这种女性犯罪的隐蔽性可能增加了犯罪的隐案数量，也加大了查处女性犯罪的司法成本。

女性天生柔弱，是受社会保护、关注的群体，因此，一般人对女性的防范与戒备心理程度低于男性，这就使得犯罪女性的一些犯罪行为具有极大的欺骗性，也较易取得成功。

当然，由于犯罪女性又具有情感波动性大、认识范围狭窄等特征，当一些犯罪情境出现（如双方发生口角、婴儿无人看管或仇人熟睡或他人的钱财显露在外等），犯罪女性往往缺乏自制力，在强烈欲望的驱使下也可能立即实施犯罪行为。其预谋性不强，事后则极为后悔。

犯罪地位从属性

由于犯罪女性的社会经验往往不够丰富，体力也不如男性，以及依附心理，使得她们在团伙犯罪或者一般共同犯罪中，多数只充当次要角色，常常是发挥“黏合剂”的作用。即犯罪团伙在没有女性之前，多是松散的团队犯罪，当女性加入团伙之后，犯罪团伙成员更倾向于过着花天酒地的生活，通过这种低俗、腐朽的生活方式巩固了犯罪团伙成员之间的联系。如果女性又以自己的身份和性别特点拉拢、引诱其他女性加入，那么以这些女性为纽带，将带动更多的男性加入犯罪团伙之中。另外，在共同犯罪中，她们还能起到男性犯罪人起不到的作用，如色情抢劫、诈骗、绑架等犯罪中，常常是女性犯罪人去引诱被害人的；在窝藏、销赃等犯罪活动中，女性也比男性更具隐蔽性。可见，这种犯罪地位的从属性，使得她们在犯罪活动中具有特殊的作用。

犯罪动机自私性

女性犯罪具有明显的“自私性”的特点，主要表现为：她们的犯罪大多数都是为了贪图享受与财产，或为了自己的家庭生活及丈夫、子女等。因此，女性在犯罪方面表现出明显的“无利可图的事不干”的特征。因为贪图小便宜进行违法犯罪行为的情况较多。例如，冒充顾客在商店偷窃小件商品，为了很少的所得就卖淫或介绍他人卖淫、贩卖儿童、骗婚等。

具有较明显的恶逆变倾向

所谓恶逆变，是被害人在其合法权益受到犯罪行为侵犯（尤其是身体伤害与精神虐待）之后，在不良心理的支配和其他因素的推动下所产生的逆向变化，亦即从被害人向施害人方向的转化。

女性被害人是恶逆变犯罪的高发人群，在女性犯罪人中犯罪前有严重被害情节的占很大比例，尤其是在家庭暴力中属于主要被害群体。女性感情丰富、细腻而脆弱，容易感情用事，失去理智，当长久的情感压抑无法得到解脱时，往往会在再次被害时或被害后因为情绪的波动、情感的扭曲而不计后果地实施犯罪行为。当女性遭受家庭暴力侵害以后，心灵上有了巨大的创伤，需要周围人的安慰、帮助。而在现实生活中，当事人往往因此而受到学校、家庭和社会等方面的冷漠和遗弃，有的甚至被家里扫地出门，变得生活无着。而这时的她们又不懂得用法律武器保护自己，在心灵的煎熬中，她们的“善”慢慢消失，而“恶”却悄然生长，从而完成了一个由受害人变为施害人的心理上的逆变过程。

对此，女性学者沃克（Lenore Walker）认为，女性在家庭暴力下的“受虐妇综合征”（battered women syndrome，BWS）可以以“暴力循环理论”与“陷入无助理论”进行解释：许多在家庭暴力关系下的女性能够预见下一轮暴力事件发生的时间及其严厉程度，她们能感受到正面临致命的不法侵害的威胁；家庭暴力关系下的受害妇女常常感到有陷入感而难以离开这种关系。因而，有些女性有预谋地以暴力的方式防卫或者复仇。

22

青少年犯罪人

青少年本是家庭的未来，民族的希望，也是需要呵护的花朵。但是，他们中的少数人偶尔也会实施犯罪！为什么？因为他们正处于人生的青春期，这是人生极为特殊而脆弱的时期。正如人生的河流中可能会遇上暗礁，甚至可能遇到大浪。

青少年也许是这个时代、这个社会中受非议最多的年龄群体。自20世纪80年代以来，社会民众、大众媒体对青少年违法犯罪事件非常关注，关于青少年犯罪率的激增、校园欺凌事件的新闻报道早已是司空见惯。

青春期的到来，意味着个体已经长大和变得成熟。这是一个区别于童年与成年期的独立发展阶段。但是，由于他们心智及社会性方面没有完全成熟，存在着较大的破坏社会规则的风险。因为青少年处于人生中动荡的时期，这时期存在着自身生理、心理的冲突与风险，也有社会环境的消极影响。

青春期危机

青春期危机表现为以下五个方面的冲突：

- 成人感与依赖性的冲突。身体快速成长，独立意识增强，但生活各方面依赖家庭。
- 性唤醒与性道德的冲突。进入青春期，第二性征出现，性机能已经唤醒；但是，他们的性知识、性意识，尤其是性道德意识没有同步建立起来。因而“青春期最大的风险是，少年的性欲已经唤醒，但性道德还没有同时到来”。
- 认知快速发展与片面性的冲突。当代青少年的知识快速增长，认识能力逐步提高；但是，其认识上容易片面化、偏激化（这与神经系统机能的重新整合机制有关：需要打破已有的条件反射与平衡，建立全新的认知系统），相应地，他们很容易出现心理逆反而行为偏极端。
- 情绪丰富与冲动性的冲突。青少年情绪丰富，体验深刻；但是，其情感的成熟度低，易表面化而情绪冲动。
- 理想与现实的落差：青少年时期在自我同一性（角色）建立的关键时期，他们有玫瑰色的理想，而现实却很骨感，有时会体验到很大的落差。其中，也伴随有不同时代环境的差异所带来的代沟问题。

青少年犯罪是全世界关注的社会问题。青少年及成年早期的犯罪率远远高于其他年龄层的犯罪率是各国的普遍现象；国外的犯罪统计发现，人一旦迈入青少年期，犯罪率就开始急剧攀升至高峰，随后逐渐降低。赫希（T. Hirschi）收集了不同国家、不同时代（19 世纪中至 20 世纪末）、不同种族的犯罪年龄分布，绘成曲线图后发现，10 岁到 20 岁之间犯罪率剧烈攀爬至高峰，20 岁至 30 岁时犯罪率开始下降，但下降的幅度比上升的幅度要小，到 30 岁以后趋向平缓，50 岁以后几乎消失。20 世纪 80 年代至 90 年代青少年犯罪数量激增，90 年代中期达到阶段的峰值，随后其总体犯罪率呈现下降的趋势。

用发展视角解析未成年人违法犯罪的最大贡献者是美国心理学家特瑞·莫菲特。莫菲特通过跨文化与跨民族研究，提出了青少年犯罪发展路径理论：限于青春期犯罪路径（adolescent-Onset，adolescence limited pathway，AL）和儿童期起始的终生持续犯罪路径（child-onset，life course persistent pathway，LCP）。这也是当今普遍认同的青少年犯罪人典型类型。

限于青春期型犯罪人

限于青春期型犯罪人是多数少年违法犯罪者的发展路径：他们在青春期开始出现违法，通常在 18 岁时会自动停止违法犯罪而走正常的发展轨道。他们在十多岁时没有出现持久的反社会问题，但也可能存在反社会行为，甚至于有严重的违法犯罪行为出现。不过，他们主要是因为青春期要追求象征成年人的特权、展示可以摆脱父母控制而出现的违法行为，如酗酒、故意破坏财物、离家出走、逃学之类的行为。他们也可能参与有利可图的或回报丰厚的犯罪，如当亲社会行为的回报更加丰厚时，就会放弃犯罪行为。例如，上大学或获得工作的机会来临时，他们就会放弃那些违法犯罪行为。或者说，限于青春期型违法犯罪者在青春期出现反社会行为是青少年对社会不公平的一种适应性反应，而非病态的畸形发展长期积累的结果；当他们进入成熟期后，能够停止犯罪，会渐渐转向选择一种更为传统的生活方式。他们可能被人们这样描述：“男孩总归是男孩嘛！就是调皮点。”而比较确定的是，绝大多数女性青少年犯罪人都是限于青春期型犯罪人。

值得注意的是，在一项跟踪研究中发现，许多限于青春期型犯罪男性在 26 岁时仍然会惹是生非、麻烦不断：他们在进入成年后因为财产和毒品犯罪被判刑的人数是那些没有未成年犯罪史男性的 2 倍；他们在成年后更容易依赖违法犯罪行为来弥补收入的不足。他们最终会停止违法犯罪，但似乎延长了青春期的时间，他们不把自己看作成年人，也不认同这一年龄阶段的年轻人的角色。对此，有学者提出了“成年初期”（emerging adulthood）的概念：18—25 岁的个体尚未达到社会认可的成年状态。限于青春期型犯罪人虽然在青春期仍然继续违法犯罪，但他们在结束青春期之后或进入成年初期之后就会渐渐地停止各种违法犯罪行为。

持续终生型犯罪人

青少年犯罪的特殊路径是持续终生型犯罪人。这群儿童在很小的时候（大概 3 岁或更小的时候）就开始了持续终生的越轨式犯罪模式：咬人、打人、扒窃的逃学、盗窃、抢劫和强奸、诈骗、虐待儿童等。其反社会行为种类繁多，他们会在各种条件与情况下持续反社会行为。许多持续终生型犯罪人在童年时期就会出现神经问题，如气质问题（脾气暴躁）、注意缺陷多动症、学习障碍及品行障碍等问题；在进入成年之后，他们仍然存在智力水平较低、解决问题能力不足、心理障碍以及各种各样的违法犯罪的问题。他们会在一生中实施各种各样的反社会行为和暴力犯罪行为。

由于他们不断升级的反社会行为，他们在家里与学校会被家人和老师、同伴拒绝、回避。因而，持续终生型犯罪人在儿童发展的每一个阶段都会错失学习与养成亲社会能力和人际交往能力的机会；而缺乏这些学习能力与人际能力，在家庭条件不良、暴力邻里等消极因素的作用下，可能加剧与恶化他们正在发展的反社会模式。如果家庭、同伴、学校和社区等存在犯罪的风险因子则会加速其反社会行为的进程。这类犯罪人的神经心理缺陷与环境中的不利因素（如父母的虐待）的相互作用会导致其早期产生品行问题。同时，很可能造成他们在心理、身体、经济、人际关系、滥用毒品、职业、法律等方面存在继发性问题。

有研究报告表明：只有很小的一部分（5%—10%）少年儿童具有高风险的反社会发展路径，而且其中的男性占绝大多数。仅有 1%—2% 的女孩表现出这种持久的早发型的危险模式。在性别差异方面，持续终生型犯罪人中的男女比例是 10∶1，即此类型中的男性未成年犯罪人占多数。在对 820 名少女的研究中发现，仅仅有 1.4% 的女孩遵循了持续终生型犯罪的路径。

有研究者把持续终生型犯罪人细分为两组，其中一组具有冷酷无情的特质，而另一组不具有冷酷无情的特质。研究者发现：具有冷酷无情特质的个体不仅具有更严重持久的反社会行为，他们同时表现出更高的反应性攻击和工具性攻击行为，而不具有冷酷无情特质的反社会个体表现出相对较少的攻击行为，并且其攻击行为本质上是反应性攻击，而非主动性攻击。

莫菲特等人的新研究中提出了两种持续犯罪人：**早发型**（early-onset）与**青春期型**（adolescent-onset）。从事反社会行为的年龄起始越早，之后发生的反社会行为可能会越持久和严重。即持续终生型犯罪青少年的犯罪行为会持续到成年期，具有跨时间的持续性和跨情境的稳定性。因而，犯罪人可以区分为四种类型：**限于青春期型**犯罪人、**在成年初期仍然可能犯罪但之后会停止的限于青春期型**犯罪人、**早发型持续终生型**犯罪人、**晚发型持续终生型**犯罪人。

持续终生型犯罪人往往起于儿童早期（个体素质性因素、早期家庭教养及环境因素的交互作用："合金"塑造）。个体心理品质发展表现的模式是：注意缺陷多动症、对立违抗性障碍、品行障碍、反社会型人格障碍倾向。其中少数的反社会型人格障碍倾向者同时还具有冷酷无情的人格特质，在进入成年期后演变为精神病态者。这部分精神病态者往往在青少年时期（18 岁之前）就会表现出精神病态倾向，甚至是在青少年时期就可能发展成为极端的犯罪人。

23

“合金”导致的青少年犯罪人

青少年犯罪人是如何导致的?

青少年犯罪人是其生物因素与环境因素共同导致，是犯罪易感性与消极环境“合金”塑造出的：在个体自身生物素质基础上，由家庭、学校、同伴因素共同塑造出相应的人格品质。其中儿童时期的经历是导致违法犯罪青少年的重要潜在因素。

家庭对青少年人格发展的影响

家庭是青少年成长的初始天地，然而，家庭环境中存在诸多青少年违法犯罪的潜在风险因素。

埃里克森提出的心理社会发展理论认为，个体的性格主要是通过和他人的关系来塑造的。在早期阶段，主要是和家庭成员以及其他监护者的关系来塑造。在儿童期个体面临的危机是“勤奋对自卑”的内心冲突。如在学校表现不佳可能导致低自尊、自卑和习得性无力感，使儿童不再努力。在学业成败、学校表现中，家庭的支持氛围与引导方法具有关键的作用。如果个体的心理能力不足、有学习障碍，家庭不能提供足够的心理支持与帮助，他们就倾向于逃学、辍学和其他不明原因的违规、违纪、反社会行为。这在很大程度上决定了青春期个体的持续性自卑与自我同一性混乱，而这正是其人格中自我意识混乱、角色混乱、未来理想缺失的基础，也是反社会人格的基础。研究表明，学业失败和行为问题（如攻击性、冲动性和注意力障碍）与随后青少年期、成人期的犯罪、物质滥用和精神障碍有关系。

家庭对青少年情绪表达和自我控制的影响

情感控制和表达是一种与社会相处至关重要的自我控制，家庭及其他监护者对于青少年这方面的发展起着重要作用。例如，在一项母亲婴儿的互动研究中，母亲可以通过模仿婴儿的积极情绪表现来强化婴儿的积极情绪；也可以用赞同、失望、反对和自我榜样来教导孩子合适的表达情绪的方式。攻击行为是情绪失控问题的重要表现，与暴力犯罪最具有关联性。如果青少年认为伤害他人可以让自己得到想要的东西，他们就会使用工具性攻击；他们也可以为了控制他人，或者报复他人对自己做的错事而使用敌意性攻击。

教养方式与攻击性、犯罪

敌意性攻击（反社会行为与暴力行为）一般是在父母的影响下发展的。心理学家鲍姆林德（Baumrind）提出了三种主要的教养风格（方式）：**溺爱型**、**专制型**和**权威型**。溺爱型的父母对孩子无原则地许可，很少要求孩子，管理宽松，有时惩罚前后不一致；孩子易形成不受控制的倾向，在同伴环境中因为习惯性的攻击行为而不易合作，受到他人的攻击时易产生低自尊，为维护表面的自尊性而产生攻击行为。这种任性行为的恶性循环就渐渐形成了。动机简单、性质恶劣的行为就是这样形成的。

专制型父母会在没有解释和正当理由的情况下严格地制定规则，并倾向于使用严厉的惩罚手段；孩子则更可能喜怒无常、悲伤、畏惧和忧虑，出现矛盾性的攻击行为。那些主张“棍棒底下出孝子”的父母应该清醒地认识到“棍棒底下多逆子”。他们将错误的体验与错误的方式当成青少年解决问题的有效方式了。

权威型父母有明确的行为规矩，前后一致地执行，因为孩子知道奖励与惩罚的原因所在，对孩子的行为有引导作用；孩子大多数学业成绩好，与老师同伴相处较好，与他人也有合作的意愿，其自尊水平与自我控制能力较好。因而，权威型父母教育下的孩子在青春期时很少或不会发生反社会行为。

当然，当不良的教养方式与其他风险因素相结合时，其反社会的风险可能会放大。例如，当儿童具有不遏制型气质因素时，专制型或溺爱型教养方式就会明显地加强其反社会倾向。

恶劣的家庭环境

家庭是儿童和青少年的成长环境，但有的家庭本身存在着毒性的环境，主要体现为虐待及性虐待、忽视、家庭暴力及家庭犯罪史。

对儿童和青少年的身体虐待是指超过体罚标准的、有意识的伤害，包括殴打、烫伤、窒息或用武器威胁等；忽视是指拒绝或延迟满足儿童和青少年的需求，或者遗弃儿童青少年的行为（这种不适当的监管行为严重危及儿童青少年的生命与健康）。研究表明，受过虐待和忽视的儿童和青少年比正常的儿童和青少年更容易有反社会行为，更加容易成为青少年犯罪人和成年犯罪人。1988 年的一项对 1500 名受过虐待和没有受过虐待儿童的纵向研究表明：受过虐待和忽视的儿童更容易成为青少年犯罪人（27% 对 17%）和成年犯罪人（42% 对 33%）。美国少年司法与青少年犯罪预防办公室（Office of Juvenile Justice and Delinquency Prevention）的报告表明：受过虐待和忽视的个体在更年轻时有更高的严重犯罪和多次犯罪的风险；接触过多种家庭暴力（虐待、父母或其他家庭成员之间的暴力和家庭敌意性氛围）的儿童，比在非暴力家庭中成长的儿童出现暴力的概率高出 50%。

儿童和青少年经受过性虐待和经受身体虐待一样更可能导致违法犯罪，但是遭受性虐待的女孩会比遭受身体虐待的女孩更容易参与卖淫活动。遭受此两种虐待的儿童比只遭受一种虐待的儿童长大后更加容易犯罪。

家庭暴力会增加青少年出现暴力的可能性。一项研究发现，生活存在家庭暴力但没有受到虐待的男孩，在长大后虐待伴侣的概率是正常男孩的 10 倍。同时受到虐待并观察到家庭暴力的男孩长大后虐待伴侣的概率比只有其中一项的男孩高 50%。另外，家庭暴力对儿童和青少年还有其他间接影响：在家庭暴力环境中长大的孩子比正常的孩子出现自杀、抑郁、吸毒、酗酒问题的概率高 50%。

家庭犯罪史及父母对于毒品和犯罪的态度会影响到孩子的态度：被容忍打破规则和法律的儿童更加容易成为青少年犯罪人。如果父母允许孩子吸烟、喝酒、吸毒，他们很容易成为瘾君子和酒鬼。家庭成员犯罪可以成为青少年犯罪的“榜样”：大多数青少年犯罪人的父亲有犯罪记录；惯犯的儿子中有 35% 变成了惯犯。一项持续 30 年的研究显示：没有遭受虐待或忽视的儿童，若他们的父母曾经被逮捕，他们成年后的反社会概率就会变成正常儿童的 3 倍。

对于家庭因素在青少年违法犯罪心理形成中的作用，强制发展理论的解释是：家庭环境是早发性青少年犯罪的主要预测指标；父母对青少年的监管不力及家庭暴力等是早发型违法犯罪行为发生的主要社会心理因素。在消极倾向的家庭环境中，孩子学会使用强制性、胁迫式的方式（如乱发脾气、尖叫哀号）来逃避父母的惩罚和权威；起初，这会激发父母强制式的管教方式，然后形成两者之间的恶性循环：父母与孩子都以对方厌恶的方式行事，以控制对方的行为。青少年反社会行为的发展轨迹正是这种强制的社会经验积累的结果。

因而，父母教养不足或者过于严格、亲子冲突和父母的攻击行为等因素与青少年犯罪确实存在着关联。其中，虐待儿童、父母对儿童的冷落、家庭暴力及父母对于违法犯罪的错误态度等都是青少年行为问题的高风险因素。

同伴的作用

与家庭因素相联系的是学校与同伴的影响力。青少年在学校和社区中结识同伴，同伴之间的相互影响不可忽略。研究发现，和反社会青少年同伴的交往与个体的违法犯罪行为有关。具有攻击行为的青少年可能会受到同伴的排斥和社会的谴责，产生孤立感，缺失认同感，因此容易形成小团伙；若缺乏经济来源，家庭教育缺失，容易形成犯罪小团伙。团伙对青少年犯罪的影响比同伴的影响更大。危险的同伴如同“跟着蜜蜂找到花朵，跟着苍蝇只能找到厕所”一般。正所谓“蓬生麻中，不扶自直”，而“白沙在涅，与之俱黑”。如果交往的同伴把哥们儿义气当友谊（虽然也能获得安全归属感），把鲁莽冲动当作英雄的标准，把吃喝玩乐、不负责任当成自由自在，他就较可能成为犯罪团伙的成员，因为70%以上的青少年犯罪人都是团伙犯罪人。

学校的作用

大部分青少年会在学校接受教育。学校可能存在着许多青少年犯罪的风险因素。比如，青少年的学业成绩差、对学校不信任、学习动力不足、逃学和不上学都是风险因素。法英顿（Farrington）等发现，高的逃学率与青少年犯罪最相关。如何处理问题学生也可能存在风险因素，如学校直接开除的做法要慎重。

例如，青少年暴力的典型——**校园暴力**，在校的青少年往往经历了严重的**失败与心理创伤**，从产生学习失败感（逃避、逃学）、出现人际孤立（亲子孤独、离家），到受到欺凌（愤怒积累）、自我同一性混乱（以失败者自居），直到反抗与攻击意向出现。

值得特别注意的校园暴力信号有：

- 主动或被动地加入同辈不良团伙。这是初步的不良行为表现。
- 品行障碍。如说谎、恶作剧、打人伤人、虐待动物。
- 频繁的叛逆言语与行为。可体现于作业与日常生活中。
- 行为人特别关注相关的攻击事件，如校园霸凌事件、校园枪击事件。
- 威胁的宣示。体现于个人日记、创作作品与社交网络平台中。
- 暴力准备（结盟式、独狼式）。此为最明确的、严重的校园暴力预警信号，包括准备刀具、武器、爆炸物以及暴力攻击的计划等。

【案例】

赵承熙枪击案

2007年4月16日当地时间7点15分（北京时间19点15分），美国弗吉尼亚理工大学发生了美国历史上最严重的恶性校园枪击案，枪击造成33人死亡，枪手本人开枪饮弹自尽，枪击案疑犯为23岁的韩籍青年赵承熙。有关当局至今还无法确定到底是什么使得赵承熙制造了16日的校园枪击惨剧。

详细介绍：

2007年2月9日，赵承熙从弗吉尼亚理工大学附近布莱克伯格的一家当铺购买了一支5.5毫米口径的瓦尔特P22手枪。3月16日，他又从弗吉尼亚罗诺克市的一家枪械店用信用卡支付了285美元，买了第二支枪，这次是一支9毫米口径的Glock19手枪。

当时赵承熙在上课时给同班同学拍照，并写到了死亡。他的老师乔万尼说："孩子们总是写一些跟谋杀和自杀有关的东西。但是赵承熙的作品中有某种东西引起了我们所有人的密切留意。我们都对那感到很不舒服。"几天后，乔万尼发现原先听课的70个学生只来了7个，她问那些学生为什么没来，他们回答说因为害怕赵承熙所以不敢来上课了。

有说法称赵承熙出生于1984年1月18日。美国移民部门的记录显示1992年9月2日，赵承熙从底特律首次进入美国。他上一次更新绿卡的时间是在2003年10月27日。目前他仍然保留着韩国国籍。父母是一对在华盛顿经营干洗生意的韩国移民，他的姐姐毕业于普林斯顿大学，并就职于美国国务院。在他父母所居住的森特雷维尔社区，当地居民回忆说，赵承熙是个奇怪的年轻人。一名叫克雷格·科恩斯的邻居说，数年前，他看到赵承熙站在他父母的房子前。当科恩斯向赵承熙问好时，赵转开头和身子。科恩斯说："他就好像是一直在跟他自己谈话一样。"住在赵家隔壁的阿卜杜尔·沙什也说，在很多年的时间里，赵承熙似乎都没有任何朋友。

犯罪心态与动机：

枪击事件的目击者说，凶手赵承熙在整个射杀过程中表情非常镇静，"完全清楚自己在做什么"。美国《华盛顿邮报》在报道中将其称为"沉默的杀手"，那么究竟是什么令赵承熙对他的老师和同学们开枪？在周围人的印象中，他是个什么样的人呢？

赵承熙 8 岁时跟随父母从韩国移居到美国。在邻居们的眼中，他一直是沉默寡言的孩子。读大学时，赵承熙总是戴个帽子，坐在后排，很少在课堂上发言，也几乎不与人交谈。他的同班同学回忆说，在英国文学入门开课第一天，大家都围坐在一起介绍自己，但赵承熙却独自坐在一旁一言不发。老师发现他在签名册上只写了一个问号，于是问他："是叫问号吗？"赵承熙还是不回答。

写作课教授露辛达·罗伊说，两年前赵承熙写了很多表现愤怒和暴力情绪的诗歌，令她十分担心，于是叫他不要参加集体课，另外对他进行辅导，还劝说他去做心理咨询。但显然这些方法都没有奏效。

赵承熙曾写过两个剧本，有十几岁孩子讨论杀害老师的情节，还有男孩与其继父大打出手的描写。

犯罪学教授苏桑·古德尼认为：很明显他时不时承受着某种困扰或者折磨，他需要发泄出来，这些剧本是他抒发内心世界的一种途径，因为他无法对其他人敞开心扉。

显然，这是在美国暴力文化渲染下，在持续遭受同辈群体欺凌及文化排斥的个人境遇中（引发极度的心理挫折感与严重的心理疾病），出现的独狼式自杀报复的典型犯罪行为。

第三章　群体犯罪心理

24

群体犯罪心理

犯罪行为是严重危害社会利益的行为，在某种程度上，犯罪人单独实施犯罪行为具有更大的隐蔽性，但是，他们会采取合作、帮助、目的趋同等共同犯罪方式。

群体犯罪心理是犯罪心理学独特的概念，此概念来自社会心理学理论与刑事司法实践两个方面，是犯罪类型理论的一个重要组成部分。群体犯罪心理是指在犯罪群体或落后群体、副文化群体中，个体与群体的意向、动机与目的互相影响而形成的适合犯罪的共同心理倾向。也就是说，认定群体犯罪心理不以犯罪行为是否发生为标准，群体犯罪心理可以是已经、正在或者将要对群体犯罪行为发生影响的社会心理力量。换言之，它是群体中个人之间的意向、动机、目的相互影响而形成的适合于犯罪的群体气氛或者共同的心理倾向。

- 群体犯罪心理是一种共同的倾向，即行为人在某种刺激作用下产生的情感、动机、意志方面的相似或相同的反应。
- 群体犯罪心理的核心是其同一的犯罪目的；尽管群体犯罪的犯罪人的动机存在着相同或不同，但在客观上，却表现为行为指向的合一。

- 群体犯罪心理是个体犯罪心理的集中表现。群体犯罪的参加者为了增加个人安全感或维护某种利益、满足一定的需要而屈从于压力，接受外界的诱因，从而产生与群体犯罪心理相一致的犯罪决意。

群体犯罪的基本形式是共同犯罪（即两人以上共同故意实施的犯罪）。刑法学中将共同犯罪划分为一般共同犯罪和特殊共同犯罪两种类型。团伙犯罪与有组织犯罪即为特殊共同犯罪。集群犯罪因其参与者并非都具有共同的罪过、动机、目的，不属于共同犯罪，是群体犯罪心理研究的特殊形态。

虽然群体犯罪的类型较为复杂，各具有一些独特的心理与行为表现，但从整体而言，群体犯罪的基本行为模式是合作、帮助与目的趋同，行为人具有一般共同犯罪的心理基础，其主要体现为：

犯罪人犯罪心理的相同、相似性

不同个性倾向性，不同气质、性格、能力的个体结成一个犯罪群体，尽管存在着个体差异，但也存在着许多相同或相似之处。具体来说，它包括：一、欲望与行为目的的基本相同。犯罪人均有较为强烈的非法需要及相应的犯罪目的。二、对待社会现象、事件的态度的基本认同感。犯罪人对于社会现象、事件的看法与评价基本一致，容易相互认同，进而相互支持与纵容。三、犯罪人情感之间的相容性。犯罪人之间情感上相互满意、亲近，存在着自觉不自觉地归属于犯罪群体的肯定性情感。

犯罪人犯罪心理的相异、互补性

此特点具体表现为：一、犯罪者个性的差异、互补性。客观上犯罪者在气质、性格与能力等方面存在着一定的不同，有时还可能出现冲突、矛盾；同时，这些方面的差异又能在具体的犯罪活动中，通过相互交往与影响，起到互相支持与互补的作用，如在犯罪手段上发挥各个犯罪者的经验、技能的专长，达到配合、促进的效果。二、犯罪动机的差异性与互补性。群体犯罪参加者，一般是各怀鬼胎的，他们的犯罪动机是不完全统一的；但是群体犯罪的目的能不同程度地满足各犯罪个体的犯罪动机与心理欲求，他们能统一在相同的犯罪目的之下，而达成协调与互补效果。三、犯罪者心理创伤的差异与代偿性。作为导致犯罪者产生犯罪欲求原因之一的心理创伤各不相同，各有其心理经历背景；但处于犯罪群体中的个体可以通过群体的吸引力、凝聚力与“自我价值的体现”，在一定程度上掩盖其心理的创伤与心理的不满状态，达到一定程度的心理代偿。

群体犯罪心理的压力效果

群体犯罪心理结构中存在着明显的压力特性，而这一压力主要表现为两种形式：一是来自群体本身的压力，二是来自群体中权威人物的压力。在具有犯罪倾向或犯罪行为的群体中，群体的压力可能是多个犯罪者向个别犯罪者有意施加的，也可能是个别犯罪者无形中感到的群体规范及群体心理气氛的制约。在一些组织较为严密的犯罪群体中，如有组织犯罪群体中，由于每一个成员对犯罪行为的态度直接关系到其他犯罪成员的切身利益，因此，群体压力的存在是明显而强烈的。同时，这种群体压力的存在实际上也起到增强群体凝聚力，加强内部关系的作用。当个别成员的态度和行为与群体的基本规范相冲突时，往往会受到其他犯罪成员为保护其自身利益而施加的压力，如恫吓、威胁、直接或间接的人身摧残、财产破坏等。这一压力或者导致某一犯罪群体参加人与其群体决裂，或迫使其接受这种压力，主观与客观上（至少是客观上的）表现出屈从或服从犯罪群体的态度与行为。而所谓犯罪群体中权威的压力，是指群体中的核心人物（如主犯、策划者、组织者等）对于群体的一般成员施加的、具有一定强制与约束作用的心理影响。他们往往利用拉拢、威胁等手段实现这种压力。而无论何种形式的压力，它只能对犯罪者的行为发挥指导作用。也就是说，犯罪群体的心理压力只是一种相对的强迫力量，而不是绝对的制约力量；犯罪主体对于群体犯罪的态度或是主动的、被动的或是处于中间状态，但最终都可能实施其犯罪行为，成为客观实际的或潜在的群体犯罪成员。

群体犯罪心理的互动效应

犯罪群体与其他的社会群体一样，必然会产生群体心理的互动效应。

- 整体效应：群体犯罪心理符合“整体大于各个犯罪成员心理能量的总和”的集合效应原则。由于犯罪成员之间的互相刺激与“群威群胆”，群体犯罪往往会造成极大的社会危害后果。这种整体效应具体体现为感染效应、相乘效应。
- 群体心理的社会助长与责任扩散效应。由于犯罪群体具有消极性的支持力量与社会助长效果，使得绝大多数的犯罪群体成员会产生“作案责任分散”的心理，以致做出他们单独不会或难以做出的犯罪行为（匿名者效应的间接后果之一），这也会促使群体犯罪活动的恶性程度与危害性的不断加深和扩大。

- 情绪与行为感染效应。在犯罪群体的副文化背景中，在成员之间互相模仿与暗示的基础上，犯罪者情绪与行为的感染使得群体的心理经常表现为一种适合群体越轨与犯罪的心理气氛与倾向，这在具体情境的犯罪活动实施中体现得更为明显。
- 权力与服从效应。犯罪群体中的头目在犯罪活动中具有决策、指挥、协调的作用，从而产生有组织动力的犯罪力量。

群体犯罪心理的情境性

在外界因素的刺激下，部分群体犯罪心理具有情境性的特点。这方面表现较为突出的是团伙的犯罪心理与集群行为中的犯罪倾向，如青少年参与赌博、冒险活动、观看淫秽物品、突发性的淫乱活动等，给参与者带来满足好奇、感官刺激等心理需要的乐趣，而这些越轨心理与行为倾向的出现往往具有适当的时机，其群体心理相应地也具有情境性、诱发性的特点。有时，情境本身可以成为行为发生的一种诱因性动机，即行为的触发动力。当然，这种有情境性的群体犯罪心理也客观地反映出了犯罪者潜在的强烈发泄或报复的个人欲望与动机。

25

天使与魔鬼：路西法效应

有人说：人的内心有天使，也有魔鬼。你相信吗？

在西方的宗教故事里，有一位天使长因为对权威不满，带领着三分之一的天使造反，最后战败被打下地狱。

这个天使长就是宗教传说人物路西法。

路西法效应就是天使变成魔鬼的过程。

它是在什么情况下发生的呢？

服从实验：权力服从研究

实验主持人：美国社会心理学家米尔格拉姆（S. Milgram）

实验成果：论文《行为服从研究》，载《变态心理学杂志》。

如果有人让你去以高电压电击一个陌生人，仅仅因为他在学习中犯了一个错误，你会去吗？可能不会吧。但真实情况如何呢？

实验目的：测试受测者在遭遇权威者下达违背良心的命令时，人性所能发挥的拒绝力量到底有多少。

实验简介：

1960年，在耶路撒冷公开审判纳粹战犯阿道夫·艾希曼时，审判中他不停地辩解说："我只是在执行命令。"他最后被判处死刑。大家原本以为他是一个屠杀狂魔，肯定长着满脸横肉，面目狰狞，令人吃惊的是，他有着一张很平常的面孔。

在此时代背景下，同为犹太人的米尔格拉姆向耶鲁大学申请了一笔3万多美元的科研经费，研究是什么样的人在什么情形下会变成这种做出极端的、违反道德行为的人。

实验小组在报纸上刊登广告并寄出许多邮递广告信，招募参与者前来耶鲁大学协助实验（报酬是4.5美元）。实验地点选在大学的老旧校区中的一间地下室，地下室有两个以墙壁隔开的房间。参与者年龄从20岁至50岁不等，包含从小学毕业至博士的各种教育背景的人员。

实验方法：参与者被告知这是一项关于"体罚对于学习行为的效用"的实验，并被告知自身将扮演"老师"的角色，以教导隔壁房间的另一位参与者——"学生"，然而"学生"事实上是由实验人员（实验助手）假冒的。

参与者被告知，他被随机挑选为"老师"，并获得了一张"答案卷"。实验小组并向他说明隔壁被挑选为"学生"的人拿到了一张"题目卷"。但事实上两张纸都是"答案卷"，而所有真正的参与者都是"老师"。"老师"和"学生"分处在不同房间，他们不能看到对方，但能隔着墙壁以声音互相沟通。

"老师"被给予一台据称最低电压为45伏特但实际电压最高可达450伏特的电击控制器，控制器连接着一台发电机，并被告知这台控制器能使隔壁的"学生"受到电击。"老师"所取得的答案卷上列出了一些搭配好的单字，而"老师"的任务便是教导隔壁的"学生"。如果学生答错了，老师会对学生施以电击，随着“学生”作答错误的增加，电击的电压值也会随之提升。

参与者相信，“学生”每次作答错误会真的遭到电击，但事实上并没有电击出现。在隔壁房间里，由实验人员所假冒的“学生”打开录音机，录音机会搭配着发电机的动作而播放预先录制的尖叫声，随着电击电压值的提升会有更为惊人的尖叫声。当电压值提升到一定程度后，假冒的“学生”会开始敲打墙壁，而在敲打墙壁数次后则会开始抱怨他患有心脏疾病。接下来当电压值继续提升到一定程度后，“学生”将会突然保持沉默，停止作答，并停止尖叫和其他反应。

实验结果：

在进行实验之前，米尔格拉姆曾对他的心理学同事们做了实验结果的预测，认为可能只有少数几个人——或许10%，甚至只有1%，会狠下心来一直惩罚至最大电压。

在米尔格拉姆设计的实验中，65%的参与者（40人中的26人）都实施了最大的450伏特“惩罚”，尽管他们都表现出不太舒服与紧张、焦虑；每个人都在电压值达到某种程度时暂停并质疑这项实验，一些人甚至说他们想退回实验的报酬。基本上没有参与者在达到300伏特之前坚持停止。重复进行了多次实验后得出了元分析的结果，他发现无论实验的时间和地点，每次实验都有一定数量的参与者愿意施加致命的电压：占总人数的61%—66%。米尔格拉姆为整个实验过程和其结果录制了纪录片，纪录片名是《服从》。

实验的结论与启示：

- 权威力量强大，它会对抗道德伦理甚至基本的同情心。
- 特定情境的力量大于已经建立起来的人格与信仰系统的力量。

虽然，在违反道德性而服从时，行为人会有紧张焦虑等痛苦反应，但在事后的追踪调查表明，只有 1% 的被试后悔在实验中电击了没有任何恩怨的他人，99% 的被试肯定地认为这是科学研究需要的！

斯坦福监狱实验

1971 年由美国心理学家菲利普·津巴多领导的研究小组于斯坦福大学心理学系大楼地下室的模拟监狱内，进行了一项关于人类对囚禁的反应以及囚禁对监狱中权威和被监管者行为影响的心理学研究。研究的资助者是美国海军研究办公室。

研究小组在当地报纸上征集志愿者，志愿者每天能得到 15 美元的报酬。有 70 名应征者来到斯坦福大学面试，并接受一系列心理测试，最后研究小组选择了其中 24 个被认为非常健康、心理正常的人。

研究小组随机把 24 人分为 2 组，每组 12 人，分别扮演警卫和囚犯，其中每组 9 人饰演囚犯，另外 3 人饰演监狱警卫。志愿者们还被告知，如果被分派去饰演囚犯，他们可能会被剥夺公民权利。

为了模拟真实的监狱环境，那些饰演囚犯的人将被告知在某个周日等在家里，并且在家里被“真实”的警察逮捕了，并被警车带回模拟监狱中。这对他们的心理造成了一定的压力，使他们潜意识里相信，真的要去监狱。

第一天，大家还相安无事，不管是囚犯还是警卫都未能把握该以什么样的方式参与实验。进行点名的时候，警卫们一边鼓励囚犯保持严肃，一边咯咯地笑。当时值勤的 3 名警卫中，1 名显然很不投入。当其他警卫发出无聊的命令时，他都懒得去督促 9 名囚犯听从命令。实验的参与者并没有真的把自己置身于被赋予的角色之中。后来，场景一步步向真实的监狱靠近，甚至有些行为犹有过之。

第二天，囚犯发起了一场暴动，撕掉囚服上的编号、拒绝服从命令、取笑警卫。津巴多要求警卫们采取措施控制住局面，他们照做了。他们采取的措施包括强迫囚犯做俯卧撑，脱光他们的衣服，拿走他们的饭菜、枕头、毯子和床，让他们空着手清洗马桶。由于不堪忍受身体及精神的双重折磨，有些囚犯受到了心理创伤，有两名囚犯提早退出了实验。

最极端的场景出现在第五天，一个监狱警卫命令囚犯把自己当成“骆驼”，一半为雄骆驼，另一半为雌骆驼。值班的 3 名警卫一边大声侮辱囚犯，一边歇斯底里地狂笑，整个过程持续了近 10 分钟。

当天，加州大学伯克利分校的心理学教授克莉丝汀到实验场所观察，她发现整个实验氛围很怪异，囚犯们蒙着双眼、戴着镣铐被折磨、人格被侮辱，警卫与囚犯之间发生了严重冲突，于是她提醒津巴多终止实验。当时津巴多作为“监狱长”，深陷其中，看不到实验进行中的不人道、不道德甚至违法的行为。在第六天，津巴多终止了整个实验。(《死亡实验》就是基于斯坦福大学监狱实验拍摄的电影。)

实验显示，三分之一的警卫被评价为显示出“真正的”虐待狂倾向，志愿者扮作的囚犯和警卫很快就适应了各自的角色以及监狱的环境。这种性格的变化被津巴多教授称为“路西法效应”，上帝最宠爱的天使路西法后来堕落成了魔鬼撒旦。

“路西法效应”是指在特定情境或氛围下，思维方式、行为方式、人的性格，表现出了恶的一面，这体现了人性中的“恶”是可以由特定情境触发，或是直接由情境造成的。

实验的结论与启示：

- 角色认同很容易发生。
- 情境感染力对人的影响很大。压力情境中会伴随快速升级的人际冲突。即在外界压力下，内群体与外群体自然形成：集中体现领导者组织的作用；领导者和组织者起控制作用，多数成员服从命令，成员也有单纯是从众的（这样他们会获得群体内的安全感和归属感）。

可见，人的行为并非总是理性选择的结果，人的内心始终存在着对权威服从的压力。在强大的规则或者权力作用下，人的行为及心理态度会快速地受到塑造。其中，群体重要的形成过程与心理机制是：

1. 角色认同很容易发生。

在随机分组下，各自很快形成了警察心态与罪犯心态。

警卫组："我们是警卫，有权力按警察规则行事。"

囚犯组："我们是囚犯，受到他们的欺负，就要反抗才能生存下去。"

2. 情境感染力很大。即使是在模拟的监狱环境也能很快地造就对抗、冲突的氛围。

从言语冲突到肢体冲突，再到有计划的暴力冲突，在较短的时间里很快地发生了。

其中，人际冲突进展很快：内群体与外群体自然形成；同时，集中体现领导者、组织者的作用：有起控制作用的成员，有服从的成员，也有从众的成员。这样获得了群体内的安全感和归属感，协调一致行为也是代表团体的意志。

3. 去个性化。实验中的服装标志化等符号特征，促进了两组成员的匿名性与责任扩散效应的发生。

由此可见，在特定的权威控制或者情景下，人可能做出违背自身意愿的行为，甚至是违反道德良心的行为；并可能在实施行为之后对行为后果找到似是而非的合理化解释。

在群体犯罪中，几乎全部的成员都听命于群体的命令，去从事各种犯罪行为，甚至是残忍的行为，即使少数成员内心并不愿意去做。

这两个实验证明了特定规则与情境下存在着"路西法效应"。此时，人的内心确实存在天使与魔鬼的战争。

犯罪人在共同犯罪目的、犯罪利益的驱使下共同故意实施的犯罪行为中，隐含着社会互动、群体权力与规范压力的影响。这种显性或隐性的规范与权威的压力在群体犯罪的不同形态中有不同体现：

在团伙犯罪中，主要体现为服从心理（规则与潜规则的作用：权威；主犯：权威角色）；从众心理（归属感与安全感）。

有组织犯罪中：无条件服从（奖惩规则与等级、犯罪头目权威、犯罪组织归属感与荣誉感）。

集群犯罪中：集群行为的集群的情境作用（众人对某一事件关心与狂热情绪的影响）、匿名性（去个性化），以及具有非理性行为的来源：责任扩散心理（群体存在感与群体意志）与紧急规范驱动（疯狂行为）。而集群事件中的参与者在平常生活的理性支持下不会实施如此疯狂的举动。

因而，在社会发展以及个体行为的塑造中，两样东西是至关重要的：

外在的，要有优良的、善良的制度规范。

内在的，要时刻保持道德规则下的理性光辉。

这样，我们才不会误入歧途！

26

团伙犯罪心理

所谓团伙犯罪，又称为帮伙犯罪，是组织结构较为松散的群体犯罪形态。团伙犯罪是指一种以青少年犯罪人为主体（年龄在 14—25 岁），以纠合性的松散结构为特征的群体犯罪。它是近 30 年来我国刑事犯罪新态势的表现，也是青少年犯罪的一种主要形式。一般而言，团伙犯罪的犯罪目的比较模糊，经常变换；其组织也不太稳定，有时纠合在一起，有时散伙，在犯罪活动中，其角色与分工也具有较大的随意性；犯罪团伙的犯罪意向往往是由犯罪机遇所激发，既可能是事前有通谋的，也可能是事前没有通谋的。参加团伙犯罪的人数较多（一般 3 人以上），他们往往具有以年龄、地域、经历相近或者相似而聚合、吸引在一起的特征。

团伙犯罪的形成有青少年的结伴需要、情感互动的需要、应对压力的需要与共同兴趣的需要，也有消极的家庭、学校、文化及情境因素，如在团伙中体现群体力量：团伙的地域性决定了团伙的活动区域，团伙之间的“疆界意识”和团伙成员的“我们意识”，同时，寻求群体认同与利益互助。追求利益和实现利益等方面的互助也是团伙犯罪的重要原因。

此外，观察学习在团伙犯罪中发挥了重要作用：观察学习不仅发生在群体内部，表现为对团伙中其他成员的学习与模仿，也经常表现为对其他团伙的行为、网络宣传的行为、媒体介绍的行为等的观察学习。这使得各种越轨和违法的行为模式经常在亚文化团伙中传递，并上升为群体的犯罪行为。

团伙犯罪人的心理特征：

相似的犯罪动机与明显的归属意识

团伙犯罪人加入犯罪团伙的动机大体上相同或相似，即主要是为了满足不合理的物质或精神的欲望。这一行为的动机与目的都具有反社会性，具有违法与犯罪的心理倾向性。

在群体内部寻求情感归属是包括犯罪团伙在内的多数群体共有的特征。然而，由于青少年时期的特点，该年龄阶段的个体更希望在同辈之间产生情感互动，通过群体的承认建立自我认知特别是自信心。团伙犯罪人对其所参与的团伙都存在着不同程度的认同与归属意识。在青少年犯罪团伙中，这种团伙归属意识往往特别强烈，以致大大地增强了其犯罪后果的严重性，以及犯罪人个体原有的某些个性特征在团伙中被湮没。

心理相容性

团伙犯罪人之间，在犯罪意向、动机、目的以及与此相关的兴趣、能力、情绪情感、心理状态等方面，彼此一致，或者基本能够做到互相接纳，通过相互影响、渗透、传染、统一，从而具有了适合于犯罪人需要、适合于团伙犯罪的心理相容性。这也与青少年群体中普遍存在的从众心理有紧密的关系。

在团伙犯罪中，并非任何行为都是有意识的传习教唆行为和言语统治行为。在这种心理相容的环境中，青少年可以通过为首者的示范和成员之间的相互模仿传递犯罪信息，而产生诱发作用。暗示可以通过言语的方式进行，也可以通过行为的、表情的、符号的方式进行。在犯罪团伙中，为首者的行为和多数人的行为容易对其他人产生暗示作用。如犯罪团伙中的暗语、手势，团伙头目的一声呼哨，都有可能产生暗示、激动作用，迅速诱发犯罪行为。有时候暗示的作用比直接的指令起的作用还大。模仿与犯罪的关系也极为密切。许多犯罪技能、方式就是通过模仿传播开来的。比如淫秽录像的播放造成聚众淫乱团伙中的集体淫乱行为。当某一团伙成员出现新的犯罪行为时，其他人也会竞相模仿，从而扩大团伙犯罪的危害性影响。有时团伙成员的一举一动、穿着打扮等都会引起互相模仿，一些怪癖、嗜好、低级情趣、下流动作、污言秽语等更容易引起模仿。

具有控制与被控制作用的等级观念

帮派意识往往是犯罪团伙形成与产生的社会心理基础：在所谓的“哥们儿义气”与野蛮的“英雄观”的作用下，犯罪团伙中很快就会确立核心人物，即犯罪团伙头目。之后，犯罪团伙头目便具有了“领袖欲”与控制权威性，好发号施令，控制其余的犯罪成员；其余的犯罪人则以绝对服从、听命来满足对犯罪团伙忠诚及对犯罪群体的自我归属心理。

团伙中的权威来自两方面：一是有地位的头目；二是团伙意志。对团伙成员来说，压力不仅有来自团伙中的权威和与外部竞争的外在压力，也有源于自身希望得到群体承认的自我内部压力。权威与压力往往导致团伙成员在兴趣和行为方面的趋同性倾向，以遵从权威和服从群体的方式满足个体的需要：他们能够在很短的时间里达成意见的统一，引发具有盲目性的犯罪行为。

具有催化作用的依附心理与安全感

在犯罪团伙中，有时会出现胆大妄为的恶劣行为，主要是因为行为人内心存在着超乎平常的依附心理与安全需要，而这种心理状态在犯罪团伙中往往具有对行为的催化、激化作用。在团伙犯罪中，行为人因为有了明确的团伙意识，也意识到犯罪团伙的支撑，就会感到力量强大，可以“壮胆”，所以干出一个人单独时难以干出的事情。同时，因其自认为众人一起动手干坏事，道德与越轨的“责任”可以“分担”和“扩散”，即使会受到惩罚也会减轻，在良心上也会产生较少遭受“自我责备”的心理态度。

犯罪团伙的标签意义

经常从事越轨行为的团伙具有负面的符号意义，其中的青少年成员经常被贴上“坏孩子”的标签。对团伙成员本身而言，追求标签效应、展现群体的与众不同是一种乐趣，可以更好地体现“我们意识”。标签效应不仅强化了社会和其他同辈群体对犯罪团伙的排斥，也使犯罪团伙成员在追求“独立”和“创新”的同时排斥社会主流文化的影响，在心理上与社会期待背离，出现更多的越轨行为。

与团伙犯罪人的心理特点相适应，团伙犯罪人的犯罪行为表现出纠合性与易变性、盲目性与冒险性、模仿性、暗示性与传染性、野蛮性和残忍性等特征。

27

有组织犯罪心理

所谓有组织犯罪，又称为集团犯罪，是指以从事有计划的犯罪活动为宗旨，具有严密的犯罪组织，与正常的社会生活及法律相对抗的犯罪。有组织犯罪是群体犯罪的高级形式。有组织犯罪是群体犯罪的极端代表，具有最为强烈的反社会性与社会危害性。

在西方社会，这些犯罪的组织内部一般都有严格的等级，由不同的“家族”或“犯罪辛迪加”组成，在许多大城市中进行犯罪活动。有组织犯罪主要进行诸如赌博、盗窃珠宝、走私贩毒、组织卖淫、组织制造并销售非法制品等较大的犯罪活动。据美国于 20 世纪 70 年代的一项调查，当时平均每年所有的由有组织犯罪集团控制的犯罪活动金额可达 500 亿美元。而联合国有关机构的预测表明：自 20 世纪 90 年代以来，在全世界范围内，仅有组织犯罪集团所控制的毒品交易总额一项每年就达到 4000 亿美元以上，它们已经成为一种日益国际化的犯罪现象。

有组织犯罪群体形成过程中有行为人独特的心理原因与形成机制，具体包括：

- 权威与服从。在犯罪组织中，普通成员必须服从组织头目、骨干的决定与指示，组织头目及骨干的影响力主要包括暴力与威胁，以及以犯罪经验、犯罪技能为基础的非权力影响力。
- 模仿与学习。犯罪组织成员之间的犯罪经验交流、犯罪技巧的传授，以及消极行为、兴趣方面的传习，使其在犯罪组织中反社会性越来越强烈。
- 暗示与教唆。作为一种非权力影响力的存在，暗示与教唆，是犯罪组织头目与骨干影响控制组织成员的重要手段。
- 冒险与转移。群体对犯罪活动计划提出的建议与群体成员单个提出的建议相比，冒险性更强。这种责任扩散与群体极化的心理过程（机制）会大大地提升犯罪组织成员反社会行为的冒险性与疯狂性。

有组织犯罪人的心理特征

恶性膨胀的金钱欲

绝大多数的有组织犯罪都以获取大量的金钱与物质利益为目的，追求犯罪利益的最大化是其根本目标。因而，满足恶性膨胀的金钱与物质欲望，便是有组织犯罪参与者的重要心理特点之一。

强烈的帮派意识与等级观念

封建帮派意识与消极副文化氛围是有组织犯罪产生的社会心理基础，体现出强烈的集体意识。如哥们儿义气、野蛮的“英雄观”，其犯罪人必然具有充满暴力、欺诈色彩的帮派意识。同时，犯罪人个体在犯罪集团中严格服从独裁统治，遵守不可逾越的等级规范与禁忌。相应地，犯罪人对其犯罪集团产生不同程度的接受与认同，都存在着自愿的或被控制的强烈归属心理。

其中，犯罪组织头目的决策代表了群体意志。从事有组织犯罪的群体有不同级别的领导者，他们是有组织犯罪的主犯。有时参加者属于被蒙蔽的从犯。在有组织犯罪中，头目或主犯的决策具有命令的性质，能够决定群体共同行为的发展方向，也决定行为的法律性质，代表整个群体的意志。

心理的受暗示性与情绪的感染性

受暗示性、感染性与行为的互感性是一般群体的心理特征，但在有组织犯罪中，却相当明显而强烈；正是犯罪人这一心理及行动的交互作用现象，大大地加强了犯罪集团的内聚力和组织的严密性，以及犯罪行为后果的严重性。

罪恶感的减弱、消退

犯罪人在实施有组织犯罪时存在着否定自己的罪责，以及犯罪人内心有回避客体受害的事实的倾向。他们具有强烈的对法律的主动逃避、对抗、深层恐惧的体验，以及对（期待）犯罪成功快感的体验。

心理应变能力提高

由于犯罪人所实施犯罪行为的高度组织性，以及犯罪心理结构的动力定形作用、犯罪行为的习惯性，有组织犯罪人的内抑制呈现出两极发展势态：一是在对犯罪意识、犯罪动机的自我抑制能力减弱的同时，对犯罪冲动的抑制力有所增强；二是抵制诱惑的能力降低，但是其自我面对犯罪压力时心理缓冲的能力与自我调节及应变的能力有所增强。

具有凶狠残暴的人格特征

与其贪婪和控制的心理需要相联系，多数的犯罪组织成员都具有凶残的人格特征，其头目与骨干的表现则更为突出。大量的案例表明，在有组织犯罪群体内部大多奉行家长式的独裁体制，有严厉的奖罚制度；头目决策代表了群体的意志，对组织成员内部的处罚与外部犯罪行为的要求都极为严厉，显示出“冷血”“冷酷无情”的群体控制方式。

与其心理结构、心理特点相适应，有组织犯罪人具有犯罪计划的周密性、犯罪类型的限定性（以制毒、贩毒、组织色情活动、走私、拐卖人口等犯罪为主要类型）、犯罪活动的控制性与犯罪行为的极端暴力性等特点。

28

集群犯罪心理

集群犯罪又称为群集犯罪、聚众犯罪或集群行为犯罪，是指在一定情境下，人们在激烈的人际互动中自发产生的，无指导、无明确目的的，不受正常社会规范约束的，由众多人狂热行为导致的犯罪行为。

集群犯罪是群体犯罪的一种特殊形式。在集群犯罪中，犯罪人为乌合之众，绝大多数犯罪人之间事先并无组织联系，一旦犯罪事件结束，便作鸟兽散状；在犯罪行为中，多数成员之间也没有预谋，而是由偶然事件诱发，其行为具有明显的情境性与情绪色彩。集群犯罪的人员构成包括：首犯和主犯、实施犯、助势者和围观者。集群犯罪人的行为具有自发性，狂热性，非常规性，短暂性，广泛的、普遍的或者富有刺激性的诱发性，以及行为后果的严重性等特点。

集群犯罪行为形成的四个阶段

事件刺激与互相暗示阶段

当一定数量的人（至少 30 人）为了某一事件而聚集在一起时，如果该事件出现了重大的意外或与人们心里原有的预想相差悬殊，而使人们一时难以承受，即人们经历着强烈的刺激，此时，人们的内心对于该事件变得非常敏感，潜意识中希望、乐意接受某种相关的暗示；如果存在着选择性信息、流言或谣言，而缺乏及时的、正确的信息或恰当的引导，人群的态度就很容易与多数人现有的观念趋同。

情绪感染与行为感染阶段

情绪感染的过程是群体中个体之间心理互动的具体表现，包括情绪的唤醒、情绪的摩擦、情绪的传染与情绪的指向这几个环节。

情绪的唤醒——欲求不满或受到挫折，能够唤醒否定情绪。

情绪的摩擦——不同指向的情绪和不同水平的情绪，在特定情境中相互摩擦的过程。

情绪的传染——人群中的情绪在鼓动、流言、挫折的作用下无组织地扩散，甚至达到疯狂的地步。

情绪的指向——人群共同创造的情绪气氛，在事件的导向下寻求宣泄的渠道，经常出现短暂的群体目标。

与情绪感染紧密相连的是行为感染，如乱呼口号、乱扔东西等偏激、狂妄行为的出现。情绪感染与行为感染之间互相激化，其结果是使原本无动于衷的旁观者从好奇开始渐渐地介入激动的群体之中，最后深深地卷入亢进的情绪与行为活动中。

情绪爆发阶段

随着情绪的不断模仿与强化，群情激愤，逐渐使无组织的人群开始形成一个具有共同意向、共同态度的相对松散的群体，引发疯狂状的冲动性行为，充分发泄参与者的早已积累的、潜在的各种极端化情绪。

产生越轨阶段

人群中许多人开始出现去个性化现象与责任扩散心理，人群发生匿名者效应，许多人的自我控制能力迅速下降。此时，如果有人首先表现出冲破道德、法律及法规的约束，做出某些破坏性的行为，如骂人、怒吼、毁坏物品或者打砸抢烧，其他人立刻就会跟着行动，而且破坏性行为会愈演愈烈，不断升级。其中，有些人潜意识中会试图在大家面前“勇敢地表现自己”，希望得到别人的赞许。当然，从动机角度而言，其中多数人的行为是在潜意识或者前意识中进行的，真正进行有意识的，或者有预谋的违法犯罪行为的人仅仅占极少的一部分。其中，大多数成员的个性在群体行为中被掩盖或抑制（去个性化发生）；在不稳定的激动情境中，一旦成员察觉到某一特定行为的出现，心中压力就似乎找到了宣泄的出口，其偏激的行为就会趋于一致（多数是疯狂的、非理性的破坏行为，如在足球球迷闹事中，只要其中一人辱骂裁判，其他人就会自动效仿），社会心理学家称之为“紧急规范驱动”。

集群犯罪人的心理特征

无责任性或者责任扩散心理

由于在集群犯罪行为中，犯罪人具有明显的匿名性特征，犯罪人之间互相不认识（如人群从四面八方聚集），因而解除了犯罪人对行为的责任心，犯罪人随意放纵自己的行为，即使有非常偏激的言辞或做出残忍的行为，主观上也认为不会有人知道，或者认为由集群行为导致的犯罪不会被惩罚，即使惩罚，也不会对所有的个体都加以惩罚，因而，犯罪人都有可能采取极端不负责任的犯罪行为。

个人缺乏判断力

行为人对挫折的心理承受能力、个体经验与集群行为的发生之间存在某种关系。处于集群行为中的犯罪人，当想要满足内心被长时间抑制的欲望时，往往在强烈的气氛作用下，以爆发性的行为发泄。他们较容易相信谣言，丧失判断能力与推理能力，失去自制力，从而会产生不加思考的反射性、本能性的行为。

受暗示性增强

随着判断能力的削弱，行为人产生高度的受暗示性，这加剧了人群互动的效果，使个人产生强烈的被暗示的情感与思想需要极力转化为行为的倾向。

去个性状态

在集群犯罪中，犯罪人个人的人格被破坏，几乎不能采取个人化的自觉行动。以共同兴趣、目的、利益为中心构成的集群中，随着情绪感染与行为互动的加强，个人可能完全丧失独立的人格，而以集群行为为中心，融合到狂热的越轨行为、犯罪活动之中。

第四章　病态心理与犯罪

29

反社会型人格障碍与犯罪

人格障碍也称为人格变态、人格异常、病态人格、变态人格等。这是一种人格在发展和结构上明显偏离正常水平，以致不能有效地适应正常社会生活的心理行为表现。《中国精神障碍分类与诊断标准（第三版）》（CCMD-3）对人格障碍的定义为：“人格特征显著偏离正常，使得患者形成了特有的行为模式，对环境适应不良，明显地影响其社交和职业功能，或者患者自己感到痛苦。”

精神医学则认为，人格障碍主要表现为人格结构与它的组织部分在均衡发展上存在障碍，突出地表现为情感与意志偏离正常，而不存在认知与智能障碍。也就是说，具有人格障碍的人既没有疯癫，也无智力缺陷，但他们都不同程度地具有道德观念、理智、情感、性格等方面的缺陷，如情绪极不稳定、不近人情、性格怪癖、人际关系不适应、不能很好地适应环境等。在日常生活中，人们常常认为此类人性情古怪，或有怪癖行为等。

与违法犯罪行为关系较为密切的人格障碍有反社会型人格障碍、偏执型人格障碍、边缘型人格障碍、冲动型人格障碍、怪癖型人格障碍等。

在人格障碍的各种类型中，反社会型人格障碍是研究得最多、最为心理学家和精神病学家所注意的，也是最容易发生违法犯罪的人格变态之一，是较为特殊的人格障碍。**“无疯狂症状的躁狂症”**是早期研究者对反社会型人格障碍的具体描述。

19 世纪欧洲的精神病学家及临床医生，依据其对这些特殊病人的行为观察，将其称为“悖德狂”（moral insanity，没有基本道德感的人）、“精神病理性卑劣”（psychopathic inferiority）、“病态人格”（psychopathic personality）。

关于反社会型人格障碍

美国精神病学家克莱克利在其著名的《正常的假面具》一书中，在大量的临床经验基础上，系统地描述了反社会型人格障碍者的 16 条明显特征：

- 外表迷人。具有中等或中等以上智力水平；初次相识时能给人很好的印象，能帮助人解除忧虑、解决困难。
- 没有通常被认为是精神病症状的非理性和其他表现；没有幻觉和其他思维障碍。
- 没有神经症性焦虑。使一般人心神不宁的情境，让他们不以为意。
- 他们是不可靠的人，对朋友无信义可言，对妻子（丈夫）不忠实。
- 对事情不论大小，都无责任感。
- 没有后悔之心，也无羞耻感。
- 有反社会行为但缺乏契合的动机；叙述事实真相时态度随

便，即使其谎言将被识破也能泰然自若。
- 判别能力差，常常不能吃一堑长一智。
- 病态的自我中心，自私，心理发育不成熟，没有爱和依恋能力。
- 麻木不仁，对重要事件的情感反应淡漠。
- 缺乏真正的洞察力，不能自知自己问题的性质。
- 对一般的人际关系无反应。
- 酗酒或不酗酒，做出幻想性的或使人讨厌的行为，对他人给予的关心和善意无动于衷。
- 无真正企图自杀的历史。
- 性生活轻浮，喜欢乱搞；方式与对象都与本人不相称；性顺应障碍。
- 生活无计划，除老是和自己过不去外，没有任何生活规律，没有稳定的生活目的。他们的犯罪行为多是突然出现的诱因导致的，而不是在严密计划和准备下进行的。

在美国《精神障碍诊断与统计手册（第五版）》（PSM–5）中，对反社会型人格障碍的诊断标准如下：

1. 一种漠视或侵犯他人权利的普遍心理行为模式，始于 15 岁，表现为下列 7 项中的 3 项（或更多）症状：

- 不能遵守与合法行为有关的社会规范，表现为多次做出可遭拘捕的行动。
- 欺诈，表现为为了个人利益或乐趣而多次说谎，使用假名或诈骗。

- 冲动性或非计划行为。
- 易激惹和攻击性，表现为重复性地斗殴或攻击。
- 鲁莽地不顾他人或者自身的安全。
- 一贯不负责任，表现为重复性地不坚持工作或不履行经济义务。
- 缺乏懊悔之心，表现为做出伤害、虐待他人或偷窃的行为后显得不在乎或对行为进行合理化。

2. 个体至少已经 18 岁。

3. 有证据表明品行障碍出现于 15 岁之前。

4. 反社会行为并非仅仅出现于精神分裂症或双相情感障碍的病程之中。

反社会型人格障碍者的行为特征，除人格障碍者共同具有的行为特征外，最为明显的表现是：行为极端地不符合社会规范（他们知晓社会规范，但内心完全否定社会规则与基本道德规范）；思想信念和行为常常与社会发生明显的冲突；情感麻木，对他人冷酷无情、刻薄残忍（只对极少数的人际情感关系感兴趣）；极端自私，自我中心性强烈；对人不真诚、不坦率，没有基本的社会责任感；挫折耐受力差，而激惹性极高，容易冲动。由于其心智特征与行为特点与社会规范的对抗性，反社会型人格障碍者违法犯罪风险较高，罪犯人群中反社会型人格障碍者的比例可达 15%—40%；而且，其违法犯罪的事先预谋性、周密性较为明显，犯罪行为极为残酷，反侦查意识与能力也较强。

【案例】

白银市连环杀人案

在1988年至2002年的14年间，甘肃省白银市发生了9起相似的疯狂案件，有9名女性惨遭强暴并被杀害，她们绝大多数是20多岁的女性。歹徒作案手段非常残忍，令人发指，被害人除遭到强暴、杀害之外，身上留有多处刀伤，有的多达几十处，甚至被害人的部分身体组织如双手、耳朵、乳房、性器官、头皮等，竟然被歹徒切割并取走。

侦查人员通过对犯罪行为人现场留下的指纹的比对、遗留体液的DNA检验，以及犯罪手段的综合分析，判断这一系列案件是同一人所为。

从这些血腥的案件中，人们仿佛能够想象出犯罪分子在犯罪时狰狞的面目：精心选择被害人后，经过一段时间的跟踪监视，掌握其活动规律，伺机作案，手段残忍。

心理分析：

犯罪行为表现出系列作案的特征，侵害的对象与作案的手段方式较为固定而刻板。

对象的特定化：多为20多岁的单独活动的年轻女性。选择的对象也可能存在着其他的特征，如相貌、服装、发式，行为特点与生活方式等，这些对象的特征很可能与行为人早期遭受的心理创伤有很大的关系，这些特征触发了犯罪人的极端仇恨感。

行为模式上呈现虐待—杀害—奸尸或虐待—强奸—杀害的固定模式。

作案手段极为残忍，在杀害被害人后，切割其部分皮肉或器官。

一是出于对女性极端的仇恨，在杀害之后，还要破坏其身体，取走她们的身体器官，以宣泄他内心的愤恨。二是犯罪行为人把这些身体器官作为自我变态心理满足的“战利品”而收藏。三是犯罪行为人有吃人的变态癖好。

犯罪行为具有较强的隐蔽性，表现为：犯罪行为具有周密的计划性与间隔性（犯罪的成功率很高，没有生还的被害人）；虽然连续作案，但在犯罪的时间间隔上不是固定的。这充分说明了犯罪行为人的精神控制力与智能较好，具备一定的反侦查意识。

从这些犯罪行为的特点来看，显然，这是变态心理导致的疯狂犯罪。

此犯罪人高承勇于 2016 年 8 月 26 日被抓获（于 2019 年 1 月 3 日被执行死刑）。

据办案人员回忆，有记者问高承勇：“二十多年来，对被害人及家属造成巨大的伤害与痛苦，有什么可说的？”

他表情漠然，没有说一句悔恨或道歉的话，这并不是假装的，而是冷酷无情的人格特质所致。

在后来面对审讯人员“为什么强奸杀人？”的讯问时，他回答道：“过一段时间，我不强奸杀个人心里就很不舒服！”

由此可见，该案的犯罪人明显地具有极端自私、冷漠无情、无道德感等“悖德狂”的典型特征，以及部分精神病态与性变态的特征，具有反社会型人格障碍。

30

偏执型人格障碍与犯罪

人格障碍也称为人格变态、人格异常、病态人格、变态人格等。这是一种人格在发展和结构上明显偏离正常，以致不能行之有效地适应正常社会生活的心理行为表现。偏执型人格障碍是其中不稳定型人格障碍类型的典型。

美国《精神障碍诊断与统计手册（第五版）》（DSM-5）中偏执型人格障碍的诊断标准：

1. 对他人不信任和猜疑以至于把他人的动机解释为恶意的。起始不晚于成年早期，存在于各种背景下。表现为下列 7 项（或更多）症状：

- 没有足够依据地猜疑他人在剥削、伤害或欺骗他或她；
- 有不公正地怀疑朋友或同事对他的忠诚和信任的先占观念；
- 对信任他人很犹豫，因为毫无根据地害怕一些信息会被恶意地用来对付自己；
- 善意的谈论或事件会被当作隐含有贬义或威胁性的意义；
- 持久地心怀怨恨（例如，不能原谅他人的侮辱、伤害或轻视）；
- 感到自己的人格或名誉受到打击，但在他人看来并不明显，而且迅速做出愤怒的反应或者做出反击；

- 对配偶或性伴侣的忠贞反复表示猜疑，尽管没有证据。

2. 并非仅仅出现在精神分裂症、伴精神病性特征的双向情感障碍或抑郁障碍或其他精神病性障碍的病程之中，也不能归因于其他躯体疾病的生理效应。

该类患者的临床特征是对挫折和遭遇过度敏感：对侮辱和伤害不能宽容，长期耿耿于怀；多疑，容易将别人的中性或友好行为误解为敌意或轻视；明显超过实际情况所需的好斗和对个人权利执意追求；易有病理性嫉妒，过分怀疑恋人有新欢或伴侣不忠；过分自负和以自我为中心的倾向，总感觉受压制、被迫害，甚至上告、上访，不达目的不肯罢休；具有将其周围或外界事件解释为“阴谋”等的非现实性优势观念，因此过分警惕和抱有敌意。

这种人格障碍也可成为妄想性精神病病前的人格基础。因此，偏执型人格障碍属于较高犯罪风险的人格障碍类别。

【案例】

天才的“疯子”泰德·卡辛斯基

泰德·卡辛斯基于1942年5月22日出生于美国芝加哥市。12岁时，其智商测得高达167。

有报道称，泰德16岁被哈佛大学数学系录取，在密歇根大学攻读博士期间，导师乔治·皮兰尼安（George Piranian）发现了泰德的惊人数学天赋：泰德仅用三个月时间，就解决了困扰导师十多年的数学难题。

25 岁时泰德被加州大学伯克利分校、西北大学等名校争相聘为教授。

然而，就在前途一片大好之时，泰德却突然归隐。

1971 年，他在蒙大拿州一个荒无人烟的山区盖了一座小房子，从此销声匿迹。

然而，七年之后，一位神秘的“大学炸弹客”正式出现：

1978 年 5 月 25 日，一枚故意写错地址的炸弹邮包被寄到芝加哥大学。

工作人员收到“寄错地址”的邮包后，便把邮包退回上面标注的寄件人——美国西北大学工程学教授伯克利·克里斯特（Buckley Crist）。

但实际上，泰德才是真正的寄件人，泰德的犯罪对象就是伯克利教授！

伯克利教授非常谨慎，在收到邮包后，感到很可疑，便委托一名校警打开邮包。

炸弹在包裹打开的一瞬间爆炸，校警身受重伤。

警方仔细调查现场发现：炸弹装置非常简陋。从证物中，调查员发现了制作炸弹的材料都是火柴、废木料、旧钉子一类的东西。他们断定这个炸弹来自一个家庭手工作坊。

警察调查了几个月，一无所获，最终案件搁置在旁，不了了之。

可是没人想到，这只是邮包炸弹系列恐袭案的开始……

1979 年 5 月 29 日，西北大学研究生被邮包炸弹炸伤；

1979 年 11 月 15 日，美国一架班机飞行时发生爆炸；

1980 年 6 月 10 日，联合航空主席伍德因爆炸导致身体多处烧伤；

1982 年 5 月 5 日，范德堡大学学校管理人员因爆炸导致严重烧伤；

1982年7月2日，加州大学伯克利分校教授因爆炸导致严重烧伤；

……

爆炸地点大多选在著名大学：耶鲁大学、加州大学、西北大学、密歇根大学……

所以，美国联邦调查局将这位炸弹狂人称为“大学炸弹客”。美国联邦调查局甚至为他成立了“大学炸弹客”专案小组。

而“大学炸弹客”却把警察们耍得团团转——他在公共洗手间捡了一些掉在地板上的头发，把它们放到炸弹的夹层中，将调查员引向错误的调查方向。

时间飞逝，炸弹客的炸弹越来越精密，威力也越来越大。焦头烂额的联邦调查局和美国政府崩溃了。1995年，面对大家伙的喊话，“大学炸弹客”终于给许多媒体回复了一封信：他不要钱，不要名利，只要求把他的一篇3.5万字的论文发表在报纸上，一个字都不能删减！（否则他会炸掉一架飞机）。

联邦调查局将计就计，将其论文《工业社会及其未来》以专刊形式发表于《纽约时报》《华盛顿邮报》，以向社会征集犯罪嫌疑人的线索。

果然，警方得到一条有用的线索：犯罪嫌疑人的哥哥提供了信息：他的妻子根据论文的内容与笔迹直觉判断“大学炸弹客”就是她丈夫的弟弟。依此线索，警方很快在蒙大拿的林地里抓捕了卡辛斯基。

此时，卡辛斯基孤独的内心感叹道：“我所仰慕的人，我所爱慕的人，我所信赖的人，都抛弃我。”最后，他为了延续其偏执的理念（对以生物基因工程为代表的现代科技的抵抗），以承认有罪、不得上诉为条件，换得了终身监禁的处罚。

泰德自小聪颖过人，学习对他根本不是问题，而他周围的同学都是比他大的孩子，阻碍了他的正常社会化，使他没能发展起正常的人际交往能力。虽然学习成绩卓越，实际上，他没有同年龄的同伴，一直是在孤独中长大的，也只有把所有精力都投入学习中。而其以社会情感为中心的非智力因素的发展存在明显的欠缺。

在哈佛大学时，美国中央情报局的一项关于意识对行为控制的心理学实验，让他感到恐惧，认为人类将成为某些权威或精英的宠物。这时他就有了对抗社会、对抗权威的偏执认知，反社会的人格就此开始形成。

在自己购买的小林地上建的小木屋里，多年的田园生活让他感到自由，然而人类不断开发与打扰大自然让他痛苦难当。他开始偏执地认为工业文明必将带来人类的悲惨命运。于是，他开始以邮寄的炸弹警告获得诺贝尔遗传生物学的两位科学家停止研究，后来不断地在多地安放炸弹，取名“炸弹运动”。认为“炸弹运动”所造成的伤害是警醒人们的必要措施，只是附带伤害，是值得的附带后果。

31

恋童癖与犯罪

性变态，又称为性倒错，是心理障碍的类别之一，指在寻求性满足对象和性满足方式上与正常人有显著差异，并且违反了所处社会的道德标准和习俗而获得性满足的心理与行为。

“恋童癖”或“恋童色情狂”，指性满足的对象是性发育未成熟的儿童，属于性偏好障碍或性欲倒错障碍，是儿童性侵害的极端代表。

根据《精神障碍诊断与统计手册（第五版）》（DSM-5）的诊断标准，美国大多数的儿童性侵害被诊断为恋童癖。即施暴者年满 16 岁，对至少比他们少 5 岁的儿童产生性幻想，并具有持续性（至少持续 6 个月时间）、强烈的性冲动、性行为；伴随强烈的痛苦或人际交往困难。但患者自己否认对儿童的性偏好。其特征为物质使用障碍、抑郁、焦虑障碍、反社会型人格障碍及其他性欲倒错。这些人通常猥亵和奸淫儿童以作为性欲满足的主要的或唯一的方式。通常会涉及强奸、强制猥亵、猥亵儿童等犯罪行为。

大部分恋童癖患者都是男性，男性患病率为 3%—5%。他们通常具有强迫性人格，依附性较重，孤独内向，自卑失败，多是孱弱幼稚的个体，缺乏自信，拘泥于小节，沉默寡言，不善于交际等。他们在儿童期遭受或目击性侵害的比例较高，其中女性比男性多2倍。有研究发现，恋童癖罪犯由于各种原因难以和成年女性发生正常性关系，患者生理上较有可能伴随性功能障碍。许多恋童癖患者是已经结婚的男性，尽管他们通常不认为自己是同性恋，但他们侵害的对象都是男孩。美国的全国儿童虐待与疏忽中心（NCAN）的报告表明存在着女性加害者。在对女孩的性虐待中有5%的女性罪犯，而对男孩的性虐待中大约有20%的女性罪犯。

儿童性侵害罪犯分布广泛，在所有的社会阶层、各个年龄阶段和各种职业中都会存在。在西方国家，他们的很多人从事教师、牧师、教练、缓刑监督官等能接近孩子的职业；他们利用职业便利，赢得孩子对他们的信任，从而使孩子遵从他们的性要求。70%—95%的受害者与性侵害者之间是熟人或家人关系，如奥地利一个人面兽心的父亲将自己的女儿作为性奴囚禁于地下室长达24年（并生下7个孩子）的犯罪事件。

以行为模式为标准可以将恋童癖区分为以下四类：

1. 固着型恋童癖，或称为幼稚型恋童癖，表现出把儿童看成自己的性及社交方面的伴侣，对儿童有长期而唯一的偏好，很少结婚成家。通常只在其与儿童非常熟悉时才会发生性接触，并且很少使用攻击方式。他们不能与成年同伴建立一种成熟的关系，无论男女。这类罪犯很难治疗矫正，也最容易再犯。

2. 退化型恋童癖，有正常的青春期与同伴关系，并且有异性恋的经历，但后期出现了男性气概不足和自我怀疑的情感。他们的恋童癖行为通常是由于自己遭受男性或女性同伴对自己性能力的打击而促发的。被害者总是陌生的女孩。这类犯罪人多数在事后懊悔，其预后较好。

3. 剥削型恋童癖，侵害儿童的主要目的是满足其性需要。他们利用儿童的弱点，通过各种方法或诡计使儿童顺从，如果有必要，他们会使用暴力和身体攻击以达到目的。人际技能方面存在明显的缺陷，这可能是他们选择儿童作为侵害目标的主要原因。这类罪犯难以矫正，因而，其人际缺陷会扩展到其生活的各个方面。他们类似于持续的儿童强奸犯罪人。

4. 虐待型恋童癖，是出于性与攻击两方面原因而侵害儿童。这类犯罪人往往有很长的反社会行为的历史，而且能适应环境。他们大部分偏好同性别儿童。因为其犯罪的主要目的是获得刺激而不关心对被害者的伤害，所以，他们会非常残忍而邪恶地伤害儿童。对儿童造成的伤害与痛苦越大，他们就越感到性兴奋。诱拐和谋杀儿童的罪犯大多数是这类型的恋童癖。临床上，这类恋童癖犯罪人最难矫正。马萨诸塞州治疗中心的儿童性侵害分类将**退化型**与**固着型**恋童癖分为三个不同因素——对儿童固着程度、社交能力水平、犯罪人和儿童的接触次数，恋童癖的行为模式将性侵害典型地区分为身体伤害和虐待两种类型，同时增加自恋型的类型。

美国学者格罗斯提出了恋童癖行为模式，它是根据犯罪人行为模式的持续时间和心理目标而对儿童加害人的假说性分类：性压力犯罪人与性暴力犯罪人。

- 性压力犯罪人的特征是相对而言缺乏身体的暴力，犯罪人渴望将儿童当作一个爱的对象。可以进一步区分为怂恿型或者说服型和引诱型两个亚类型。
- 性暴力犯罪人使用强迫或身体暴力以达到性目的，包括利用型（为了性宣泄而利用儿童）与施虐型（犯罪人的快感来自对儿童的伤害和羞辱）两个亚类型。

恋童癖者是具有严重危害性的犯罪人，各国都在司法实践中处以严厉的惩罚，如2020年韩国严厉打击“N号房事件”的犯罪人，甚至成立专门部门予以专项打击。2003年美国在打击跨国色情犯罪中，逮捕千余名恋童癖及性侵害犯罪者。许多犯罪人是典型性变态者。他们在接受刑罚处罚的同时，需要进行强制治疗。美国精神病协会认为恋童癖是一种终生性的性变态与精神障碍，难以有效矫治。

互联网中的恋童癖

由于社交平台的便捷性与隐匿性，恋童癖患者经常使用网络实施犯罪。

恋童癖犯罪人的生物与心理驱动力导致持续的犯罪动力，受害儿童可能遭受长期的身心创伤。世界各国都已经行动起来，以严刑峻法严厉打击包括恋童癖在内的性侵儿童或青少年的犯罪人。

- 特别专案打击。例如，美国联邦调查局20年前就开始实施打击“性捕食者”的专项执法行为：警方在网络社交平台上假扮13岁以下少男少女，以裸体图片或色情言语或者性行为要求锁定并抓获嫌疑人，找出潜藏的恋童癖者，以电子证据起诉定罪！
- 严厉刑事惩罚（对性犯罪累犯的电子标签+社区公告制度）。西方国家于20世纪末开始立法并执行（如美国的“梅根法案”，英国的“萨拉法案”）。2018年起，我国上海、成都、深圳等地也已经制定了地方法规开始预防性行动：精准化地加强对于性犯罪人的监管。

恋童癖的成因及治疗

恋童癖是生物因素、环境因素（如早期性创伤：性虐待、教育忽视与目击创伤事件）与自我因素（如反社会人格障碍）共同作用的结果。例如，研究发现：胎儿时期神经发育的紊乱、神经介质5-羟色胺明显减少与恋童癖的发病高度相关；同卵双生子（MZ）之间恋童癖的患病相关性达52%，而异卵双生子（DZ）的患病相关性仅为22%；早期性创伤（性虐待、教养忽视与目击创伤事件）与个体的反社会人格障碍对于恋童癖的激发作用明确。

环境因素（如早期性创伤：性虐待、教养忽视与目击创伤事件）与自我因素（如反社会人格障碍）共同作用的结果。对恋童癖的治疗或刑罚方案，通常有促黄体酮方案、雄激素阻断治疗，以及脑外科手术。对此，目前存在的争议较大。

性学家约翰·曼尼撰文承认：早在1966年，醋酸甲羟孕酮就被其应用于恋童癖的消解。加拿大卡尔顿大学心理学教授卡尔·韩森（Karl Hanson）对31000名性犯罪者追踪5年后发现，其重犯率为13.7%；再对236名性犯罪者追踪7年后发现，其重犯率则上升到28%。日本科学警察研究所曾对740名儿童性犯罪者进行分析，105人在5年内重犯，占比24%。美国司法部的研究表明：性犯罪者经化学阉割，在被释放后3年内，重犯率可从60%下降到15%—20%。美国约翰斯·霍普金斯大学对2019年500名接受化学阉割的性犯罪者跟踪的研究表明：化学阉割后的性犯罪者的重新犯罪率只有5%。根据瑞典、冰岛、丹麦、挪威北欧四国的数据，化学阉割促使当地相关案发率由40%减少到5%。当然，对于化学阉割的争议声音也不断出现。也有人担心：化学阉割很可能造成曾经的犯罪人心理“逆反”，甚至可能导致其更为极端的暴力犯罪。

虽然多种传统的矫正治疗措施效果较差或者没有效果，但也有研究显示，系统的集体辅导治疗与严格的药物治疗相结合，可能对降低其对儿童的性欲有一定的效果。

32

怪癖型人格障碍

怪癖型人格障碍是以观念与行为的怪诞为特征的人格障碍。作为人格障碍的类别之一，这一类人主要的特点是存在一种顽固的、以内心体验为目的的、常人难以理解的怪癖。常见的、较可能引发违法犯罪行为的怪癖型人格障碍有“纵火癖”“偷窃癖”“谎言癖”“赌博癖”“怪恋癖”等。

纵火癖

纵火癖，也称为纵火狂。

其特点是纵火行为不以进行报复与有意破坏为目的，也不是“过失失火”，而是以纵火为最大乐趣的心理变态。常常是先在家中小规模地放火、烧东西，继而到外面无目的地随意纵火。一般而言，纵火犯罪动机有报复动机、财物动机、快乐（宣泄）动机、防卫动机、政治动机与药瘾病理动机。而纵火狂具有典型的、极端的病态性纵火动机，即行为人在不可抗拒的冲动或盲目热情的驱使下，伴随着强烈的色情欲望释放的宣泄动机。此类纵火犯往往会经历纵火前的紧张状态，而一旦火灾发生就感到特别强烈的兴奋、冲动与内心满足，具有快乐（宣泄）动机的特征。犯罪人对纵火的过程十分着迷，即使在事后存在某些罪过与悔意，但对于纵火过程的快乐、兴奋体验会持续地驱使犯罪人再次进行纵火。其犯罪动机与犯罪行为具有明显的周期性、强迫性、冲动性的特征。

精神分析理论认为，纵火狂的纵火行为是以火焰燃烧代表其性本能的力量释放，其间行为人仿佛体验到一种强烈的“性快感”。犯罪人往往能从火焰的颜色、温度感受及受害人的紧张、危险状态中感受到欣愉，这是一种原始性本能置换而产生的变态性乐趣。因此，也称为“色情纵火狂”。这种纵火动机与常态纵火犯罪的暴力报复、愤怒、获得物质利益或掩饰动机存在着本质的差异。

一般而言，病理性纵火者则还存在着明显的偏执性认知模式的动力：纵火行为成为解决困境或压力的优选方案。纵火犯罪动机的情绪因素集中体现为行为人的高挫折感、高忧郁性与低自尊感。犯罪人平常生活中充满着愤世嫉俗、压抑与对抗的情绪，其高忧郁与高紧张的情绪性人格特质，导致他们采取纵火这种具有高破坏性与隐蔽性的方式实施犯罪行为。

【案例】

“救火英雄”与纵火狂

2003年，某地发生大火，致楼内一名居民因急性窒息身亡，一名居民逃生时摔伤腰部，另一居民被熏伤；一个月后，另一地又发生火灾，一名居民跳楼逃生时摔伤右腿。两次火灾造成直接经济损失13万元。

在案件侦查过程中，多个火灾现场视频中频频出现的一个人的身影引起了侦查人员的注意。此人正是吴某某，他每次都积极地参与现场灭火。曾因积极的抢救行为受到过相关单位表彰，被人喻为“救火英雄”。

2003年5月，吴某某（33岁）落入法网。经侦查，吴某某于2003年2月至5月，先后在多个居民区纵火13次。

吴某某承认检方指控的13起纵火中有11起系其所为。

“你为什么放火？”

面对公诉人的讯问，吴某某呆滞地答道：“不为么（什么）事。”

“有没有想到后果？”

“没有。”吴某某回答得很干脆。

“你为什么去救火？”

“在救火中看到别人紧张、恐惧的样子，感到很刺激、很兴奋！”吴某某回答道。

在审讯室里，多数时间吴某某都表现得很冷静，甚至是身体有点蜷缩的样子。但是，每当侦查人员问到火灾的细节时，吴某某就会自然地表现出异常的兴奋感。

吴某某为何有纵火癖？经法医鉴定，吴某某为习惯与冲动控制障碍（病理性纵火），正如在审讯室里吴某某自己所说：“觉得好玩，看到有人救火，心中觉得很刺激。”

这正是纵火狂的放火与救火的心理动力：为自己心中的快乐而纵火。

偷窃癖

偷窃癖的特点是行为人的偷窃行为不以攫取经济利益或自己使用为目的，而是在一种无法控制的偷窃冲动的驱使下，专门以偷窃他人和集体财物为乐趣，从中获得某种特殊快感的变态心理。在行窃方式上有许多特点，有的在行窃之后将东西又送还原主，下次再偷；有的偷了张三的东西转送给李四；有的则将偷来的东西扔掉或登记并贮藏，供以后自己独自欣赏；等等。

一方面，偷窃癖特别注重偷窃过程的紧张与刺激，觉得这种紧张感能够带来兴奋的体验，或者带来对自己能力与价值的证明；另一方面，他们也特别关注被害者的反应，被害者的反应越是强烈，就越能激发起他们下一步偷窃的热情和动力。

如果偷窃癖行为与恋物癖相结合，则是怪癖的行为冲动与性变态心理相结合，属于恋物性偷窃癖，偷窃的指向物是异性使用的物品。患者往往是遭受性情压力或情感创伤的内向、孤僻的年轻人，偷窃的物品是他们性情对象的象征性表达。

【案例】

恋物性偷窃癖

某大学数学系一名20岁的男生李某被学校保卫处视为“流氓滋扰者”，是什么原因呢？

据行为人李某自己讲述：在此一年以前，他偶然从女生宿舍楼下经过，无意中拾到一只从凉台上掉下来的胸罩，颇为好奇，见左右无人，便捡起揣在衣兜里，晚上就寝时，他拉起床帘，反复观赏，同时产生莫明其妙的性兴奋和性满足。此后便经常难以克制类似举动。

后来，他常有意从女生楼下走过，时常“顺便”捡拾女生内衣带回宿舍，利用午睡和晚上睡觉前抚弄。后来发展到溜进女生宿舍、水房偷拿女生晾晒的胸罩、内裤、丝裤等用品。一天，他所藏的女生衣物不慎被同宿舍一名男生发现，受到嘲笑和鄙夷。此消息渐渐传到女生那里，有人背后骂他是“流氓”，并尽量回避他，这使他受到很大压力，决心痛改前非。但不到一个月他就感到心神不宁，一见到女生内衣内裤就有一种强烈的占有欲，焦灼难耐。某天深夜，他潜入女生宿舍，在偷拿女生衣物时被一女生发现，当时被吓得大叫。他逃走后，深感惶恐、羞愧，其冒险行为稍有收敛。

次日，该女生向学校报告，要求学校及时查处。派出所民警及保卫部天天来女生宿舍调查，但一直未发现他的踪迹。但在一个月后，李某又控制不住自己，半夜来女生宿舍，结果被抓获。果然，在他的箱子里搜出许多女性用品。

事实上，他是典型的恋物性偷窃癖。他性格内向，不善言辞，从小和女性交往很少。他自己每次偷窃东西之后都会产生强烈的自责和犯罪感。可是充满幻想的性兴奋和快感超过了一切，实际上这些女性内衣（没有生命但与女性紧密联系的物品）给他的刺激不亚于通常所见的手淫性释放方式。显然，他对女性身体没有直接的兴趣，一般也不会有危害异性身体的行为。行为人自己也充分意识到心理与行为的不正常状态，并为此感到痛苦、自卑却又不能自拔。

【案例】

高跟鞋的诱惑

恋物癖大多只会涉及一般性违法犯罪行为，但是，如果没有及时进行惩罚（尤其是没有矫正年幼时激发的恋物倾向），也可能升级为极端暴力的性犯罪。

某 5 岁小男孩，一直与单亲妈妈生活，没有小伙伴，也没有玩具做伴，常常孤独无聊。有一天，他在垃圾旁发现一双精致的高跟鞋，带回家中当玩具，妈妈发现后把高跟鞋扔掉了。他不明白为什么要扔掉这玩具，又偷偷地找回来玩。妈妈大怒，把他责骂了一顿。

之后他就开始关注女人的鞋子，从其妈妈的鞋子，到路上女人穿着的鞋子。在 13 岁那年，他向一个小女孩索要鞋子，女孩惊恐逃走了，他却第一次觉得很兴奋。后来，他在小路上袭击女孩子，抢走她的高跟鞋。虽然开始时感到害怕，后来发现没有事，这样的行为就越发频繁了。18 岁时，他袭击并绑架了一名年轻女性：让她裸体穿鞋子摆成各种姿势并拍照。事后他担心她报案而将她杀死。

数年之后被抓获时，他的地下室里挂满了女性的裸体穿着高跟鞋的照片。

这就是恋物癖导致的暴力性犯罪。由于其内心的强烈的驱动力，会持续作案，且逐步升级，后果严重，也难以矫正。

谎言癖

谎言癖的特点是行为人说谎不以诈骗为主要目的，而以谎言来获取个人变态心理的满足。他们的谎言常以虚构个人的出身与经历为主要内容，但其与有明确财物动机的诈骗犯有本质的不同，往往不至于具有会产生严重后果的犯罪情节。

谎言癖患者即使在没有必要说谎的情况下，也会自动地说谎。比如，在路上遇到有人问路，他会故意指错方向。他会感到心中得意，但外表上一点也不露声色，只是内心窃喜！

谎言癖是行为人在后天消极经历强化中形成的，并与人格问题相伴随。一般而言，谎言癖起源于童年时期的特定经历，最初的说谎行为没有得到父母、学校教师的及时阻止或惩戒；行为人在说谎之后形成了防御型的行为习惯，或有一种自以为是的满足感，进而成了自动化的品行障碍。在进入成年之后，进一步演变成以谎言来满足个人心理满足的生活方式。周围熟悉他的人都知道，此人有怪癖，人品有问题，很不诚实，油腔滑调的，一点也不值得信任。由于其说谎时内心的特定满足感和习惯化的行为模式，患者自己没有改变的意愿，谎言癖难以自动消除，矫正也较为困难。

赌博癖

赌博癖是指行为人赌博成瘾、嗜赌如命的变态心理，以男性居多。他们可以一天不吃饭，但很难做到一天不赌博！有此癖好的人对人基本冷漠无情、对工作敷衍了事，也没有把精力与兴趣放在工作上，更没有对社会、对家人的责任心，对各种正常的文娱活动都不感兴趣，觉得只有赌博才是他们生活的中心和目的。他们无视舆论的谴责和法律的制裁，今天可以说坚决改正，明天还是坚决上赌场。

神经学的证据表明，激发赌博癖行为的神经机理中具有一种强烈的自我奖赏的神经机制，它类似于物质成瘾或者行为成瘾的自我欣快的神经通路。即某些人更易于形成赌博癖，他们对冒险刺激的行为具有强烈的心理倾向，迷恋高风险的生活模式，而对正常的生活模式不感兴趣；他们更喜欢个人式的工作、生活，不喜欢合作。

同时，受到持续赌博行为过程的恶性影响，他们一般都很迷信，他们会认为：今天赌博输了，明天就会赢，今天赢了，更应该抓住好运气！对于赌博癖患者来说，赌博是生活的全部，甚至是生命的全部，其行为模式难以矫正。其结果往往是倾家荡产，甚至妻离子散、家破人亡。

怪恋癖

怪恋癖是一种在性爱问题上的人格障碍，多见于男性。其特点表现为专门选择某种特殊的恋爱对象（如有夫之妇），以满足其特殊需要的变态心理。他们与这些女性交往后，却要求对方绝对忠贞于己。有的专门挑选行为轻佻、放荡的女性作为“恋爱”对象，以便从女方的放荡行为中激起自己强烈的嫉妒情绪，对方的行为越放荡，他们投入的热情也就越高，越能激起自己的嫉妒心理和别人的嫉妒心理，以满足变态的心理需要。这种怪恋癖者通常会引起情感、家庭纠纷，也可能引起情杀和破坏他人婚姻的犯罪。

如果患者是女性，则为轻佻型人格障碍者。其主要特点是举止轻浮，行为失当，虚荣心强，喜好夸张，不顾廉耻，他人越是贬低、责骂，她越是兴奋，觉得自己很有价值，能把别人亲密的关系拆散。她常常以编造谎言、诱人上当或破坏别人家庭为乐趣。当目的达到后，她将很快地退出战场。具有这类人格障碍的女性常进行诈骗、卖淫等违法犯罪活动。

它也被称为性爱成瘾症，属于人格成瘾及行为成瘾，难以矫正。行为人完全知道自己行为的错误，但就是有一股强烈的冲动驱使自己这样做。理性上是痛苦的，但是，它好像能够带来一种自虐痛苦的快感；行为人往往不能自持，不能主动地从泥潭中解脱出来。

精神分析理论认为，这是行为人对自己曾经过错的惩罚，过放荡或者有罪过的生活，潜意识中是让自己做坏事来惩罚自己，以达到心理赎罪。此所谓“自罪动机”。

33

妄想型犯罪

偏执性精神病是精神病中常见的一种，又称妄想性精神病。

这是一种以妄想为主要症状的内源性精神病。妄想常具有系统化倾向，有的可伴有幻觉，一般不会导致人格衰退及智能缺损，并可保持一定的工作与适应社会的能力。

本症患者常有很特殊的性格，即偏执性格，具体表现为固执、主观、敏感、多疑、自我评价过高，当与周围人发生冲突时，经常归咎于他人，常有“怀才不遇”之感，因而怨天尤人，并频繁要求调动工作，与领导、同事关系常不融洽，当矛盾严重时，会出现借助于幻想逃避现实的倾向。发病前多发现有精神刺激，如工作压力、人际矛盾、事业受挫、生活困难等，对疾病发生起诱发作用。

偏执性精神病主要包括偏执狂和类偏狂两种类型。

偏执狂

又名妄想狂，是一类逐渐发病的慢性系统性妄想状态。一般由内因引起，以妄想为最突出的症状，但在思维、意志及行为方面可能表现正常。这是一种较少见的疾病，多发于中年男性，以脑力劳动者居多。患者的妄想集中反映某些体验的事情。推理过程具有一定逻辑性，条理清楚，自成体系。病人的人格基本保持完整，情感与思维保持一致，没有幻觉或其他精神异常，容易被误认为精神正常。

类偏狂

又称“偏执状态”，基本情况与偏执狂相同，但其妄想系统化程度较差，有时出现幻觉。发病率较偏执狂高，发病年龄多在 30 岁以后。其人格缺陷与偏执狂相似，急性精神创伤常为诱发因素，常发于文化较低者或身体有残疾者当中。症状主要为妄想，以被害妄想为主，也可见夸大、嫉妒、钟情等妄想。内容常与其处境有关。由于妄想的驱使，可以无休止地纠缠他人，攻击妄想对象或“仇人”，也会发生反复诉讼的情形。

偏执性精神病的患者因其意志行为受妄想影响和支配，歪曲现实，失去正常的辨认能力，往往导致伤害、杀人、诬告、反社会言行等各种危害行为。如在被害妄想下，病人常以受害者身份缠讼不休，病情严重时，就很可能对妄想对象采取报复、攻击行为。嫉妒妄想往往发生在与病人关系密切的人当中，如患者在妄想形成过程中，常常采取各种方法试探或追问配偶的“奸情”经过及“情人”的详情，一旦认为“证据”确凿，往往会去法院起诉，要求惩处“奸夫淫妇”；或对配偶及认定的“第三者”“非亲生”子女，采取凶杀行为。本病患者的妄想对象固定，当发生报复行为时，案前准备非常充分（此与其他多数类型的精神障碍者的违法犯罪有较大的区别），对作案时间、地点与工具、手段等都会做十分周密的考虑，被害者常常缺乏防范的思想准备，所以凶杀后果常常较为严重。

与反社会行为相关联的妄想通常有以下几种：

- 嫉妒妄想（奸情妄想）。患者无端地怀疑配偶与他人偷情。妄想的发生具有突发性，偶然性事件往往起到一种诱发作用，事先无法预测；患者的体验逼真，会主动地收集所谓证据，实质多为主观臆测；当患者感受到被抛弃而可能诱发杀机；其手段残忍而原始；事后能主动承认事实；但行为人没有罪恶感，甚至可在杀人后轻易入睡。
- 被害妄想。此妄想与犯罪行为关系密切。无端地怀疑或坚信某人或团体对自己阴谋陷害、迫害。这可能导致报复杀人或伤人。绝大多数的精神病者的违法犯罪行为与此有关系。常常伴有幻觉（幻视、幻听），如怀疑邻居在自家的水井中下毒了，自己也“真实地”感觉到水的怪异味，较可能导致对方没有预期与防备的加害行为。
- 钟情妄想。患者坚信自己已经为别人所爱，并不断做出行为回报或发出反馈信息，可认为对方眼神、举动为一种特殊的情感表示。但是，一旦证实对方对自己没有感情或对方另有所爱时，在绝望中会实施强奸或伤害行为。其本质上是患者自己内心极端欲望的一种投射反应。
- 关系妄想。患者认为周围的事物与自己有关，是针对自己而发生的。可能引发没完没了的人际纠纷或法律诉讼。
- 夸大妄想。患者认为自己有超凡的能力、智慧或显赫的地位，可诱发诈骗或加害行为。如创造发明、重大发现的妄想。

- 罪恶妄想。患者自认为罪恶深重，不可赦免，自我归罪。严重时可导致自残、自杀或赎罪行为。
- 疑病妄想。患者往往之前有疑病倾向，认为自己患有不治之症而反复求医，可致突发性的暴力侵害医务工作者的行为。
- 易人妄想。患者认为自己的亲人（配偶、子女、父母等）是别人出于不可告人的阴谋而冒充的，可致预谋的加害行为。

【案例】

易人妄想杀兄案

犯罪人张某，男性，30岁，一天下午趁其哥哥在地里干活的时候突然用锄头将哥哥头部砸烂致死，原因是他认为哥哥不是原来的人，是被另外一个人换进来后变成他哥哥的模样。

此类犯罪人多数伴随有卡普格拉综合征：患者的妄想很多时候都是负向的、消极的，其出于自保性需求可能会对被否定身份的人实施严重暴力行为。卡普格拉综合征患者的很多原发性疾病都是妄想型的精神分裂症，当他们感受到被否定身份者带来的威胁后会以杀死受害人为最终目的，但是由于其认知的局限性让他们无法确定受害人“到底死没死”，所以就一直重复杀人的动作，多造成惨不忍睹的犯罪现场。

卡普格拉综合征为一种少见的临床综合征，是在1923年精神科医生卡普格拉（J. Capgras）和勒布尔－拉绍（J. Reboul-Lachaux）描述的一种病理现象，即偏执地认定一个人看起来很像另外一个人，犹如孪生的一样，且患者认为在同一时间里，真实的那个人已被他人所取代。

这是一种特殊的妄想观念。卡普格拉综合征多涉及与患者关系密切的人，如配偶或者其他亲密的家人，患者认为其配偶或家人被一个与“亲人”长相极其相似的人所替代，有时还不止涉及一个人。

- 非血统妄想：患者认为自己非现在父母所生，而是出身显赫、高贵。它可致伤害父母或家人的行为。
- 被控制妄想：患者感到自己为外界的人或物或某些特定组织所控制，可以继发被害妄想而产生对抗控制或者攻击行为。

第五章　测谎与供述

34

测谎术：PG 技术

对谎言的识别是人们日常生活中经常努力尝试的，测谎技术也是人类持续探索的领域之一。测谎技术也许是犯罪心理学研究最早的应用技术之一。当今，以科学心理学的经典实验范式“刺激—反应”“自由联想法”为基础发展而来的“心理生理测谎技术”（psychophysiological detection of deception，PDD）或者“多导测谎技术”（Polygraph Technique，PT）已经成为刑事司法领域中广泛应用的技术。而以脑电技术、言语技术、非言语技术为代表的新测谎技术也正在快速发展。在此，我们将探析测谎技术的基本原理，并了解各种犯罪心理测试技术。

什么是测谎技术

传统的测谎技术是指心理生理测试技术；“测谎”和“心理测试”是两种常见的称谓。学术上与机构更多采用“多导测谎”“多导测谎技术”的概念，因为它们更能准确地反映该技术的本质，即以特定的生理反应来分析推断被测试人员心理状态的技术。通过向被测人员呈现刺激（测试刺激）诱发事件相关人员产生一定的心理反应，导致其生理活动的改变（测试反应）；借助生理活动记录设备记录相关人员的测试反应，并根据一定原则进行测量分析，以判断测试刺激对相关人员的甄别价值。心理测试的本质并非测定说谎本身，而是分析判断被测试人员对特定信息的心理—生理反应，以判断个体的诚实度。

犯罪心理生理测试技术通过人体传感器以辨别人在说谎时的不随意心理—生理反应。其常用的生理指标是血压、脉搏、呼吸、皮肤电阻的变化，也有体表温度、瞳孔大小、眼动、身体微反应等指标。

为什么能够测谎

测谎的理论假设是，当被测人故意或明知说了谎，带着可预知结果的态度，试图欺骗时，他的身体就会对此自动产生生理反应。

恐惧假设

当有罪者接受测谎时，会意识到自己有可能面临被监禁、经济损失、个人隐私暴露，以及谎言被揭穿的风险，由于自动防御的本能会直接产生恐惧情绪，这种恐惧情绪会影响人的自主神经系统，从而引起被测人相应的生理指标出现异常，这些异常就可以被认为是被测人有罪、不诚实的指标。

冲突假设

这种假设认为：每个人都有自己的道德标准，并且每个人在自然状态下都倾向于愿意讲真话。然而，当他觉得说谎能避免某些麻烦或灾难时，便会尝试通过说谎来摆脱困境。面对这两种互相冲突的心理需求，心理冲突的产生便会导致自主神经系统的活跃，从而在相应的生理指标上产生异常，这些异常就可以被认为是被测人有罪的象征。

条件反射理论

这种理论认为：当作案人实施了犯罪活动，在经历其中一些情景、做某些动作中，会伴随强烈的情绪体验。这些动作虽然没有经过反复的练习，但是由于是特殊的事件，从而能够经历一次后就形成深刻的条件反射。当事后被问及这些相关的动作时，作案人由于条件反射易于产生强烈的情绪体验，从而在相应的生理指标上产生异常，这些异常就可以被认为是被测人有罪的象征。戴维斯对说谎的心理生理机制的解释为：有三种可能的机制致使说谎时个体的心理—生理反应水平增强，即条件反应（condition reaction）、心理冲突（mental conflict）与面临被惩罚时的威胁（threat of punishment）。

应激反应理论

这种理论假设：个体在说谎过程中会感到一定的潜在威胁，作为一种自我保护机制，个体会进入应激的情绪状态，产生广泛的紧张、焦虑或激动的心理—生理反应。

动机理论

这种理论观点认为：动机的强度不同对测试结果会产生不同的影响。对于通过测谎的动机较强的被试者，他的测试反应强度较高。如果一个人对于自己是否能通过测谎并不关心或不在乎或不担心测试的结果，那么他的测试反应就较弱。

认知唤醒理论

认知唤醒理论（cognitive arousal theory）认为：测谎的目的是从嫌疑人中鉴定出真正的有罪者，而不是测查谎言本身。一般来讲，只有有罪者才了解犯罪行为细节，有犯罪情景的记忆与判断，而无辜者则没有。再认专门针对该具体犯罪行为的细节材料，会使有罪者产生一种自主的唤醒反应（arousal），唤起其对特殊事件的认知，从而在相应的生理指标上产生异常；这些生理反应异常仅仅能够证明被试与犯罪行为有一定的关系（而不能简单地直接作为有罪的象征）。

犯罪心理生理测试技术

在国内外的测谎技术应用中，有一些比较重要的、通用的测试方法。

准绳问题测试法（CQT）

20 世纪 40 年代末，里德推出了准绳问题测试法（control question test，CQT）。这种方法中关键的部分就是对准绳问题的编制和把握。所谓准绳问题（control question），又叫控制问题，涉及个人的一般性反社会行为，是每个人都可能曾经做过或者曾经在生活中的某个时刻非常想做的行为。例如："你曾经未经别人同意，拿过别人的东西吗？"这类问题不是明知答案是谎言，就是答案可能是谎言。所谓相关问题（relevant question）是指那些明确涉及案情的问题，也就是测试所需要甄别的问题，这也是测谎中的核心和要害问题。所谓无关问题（irrelevant question）是指与案件毫无关系的问题。对于无关问题，被测人回答起来是没有负担的，不会引起任何情绪反应。因此，此类问题是用来测定被测人在测试过程中的正常心理—生理反应水平。

准绳问题技术的基本假设是：无辜者对准绳问题反应强于相关问题，因为他知道自己在正被调查的具体案件上是清白的，但可能做过或想过准绳问题涉及的事情，所以会更加注意准绳问题。而有罪者知道自己做过正在调查的案件，所以更关注相关问题，而不是准绳问题。同时他因担心被惩罚而对相关问题撒谎，并因担心谎言被揭穿而恐惧，这种情绪体验会导致他在相关问题上的心理及生理反应必然会比在准绳问题上的反应更为强烈。即在准绳问题测试中，有罪者对相关问题的反应强度高于对准绳问题的反应强度，而无辜者对准绳问题的反应强度高于对相关问题的反应强度。

下表即在盗窃案侦查时使用的测谎题及呈现方式，采用的方法即准绳问题测试法。

1	中性问题	I1	你是叫张三吗？
2	中性问题	I2	你是山东人吗？
3	准相关问题	Sy1	关于这起案件，你愿意如实回答我的问题吗？
4	准绳问题	C1	除了告诉过我的以外，你以前是不是还偷过东西？
5	相关问题	R1	是不是你拿走了那 1000 块钱？
6	准绳问题	C2	你是不是从一个信任你的人那里偷过东西？
7	相关问题	R2	是你从抽屉里拿走了那 1000 块钱吗？
8	无关问题	I3	你是汉族人吗？
9	准绳问题	C3	你是不是从你的领导（老板、上级）那儿拿过什么值钱的东西？
10	相关问题	R3	那 1000 块钱现在是不是在你那儿？
11	无关问题	Sy2	除了刚才问到的，你担心问你别的问题吗？
12	无关问题	I4	今天是晴天吗？

准绳问题测试法是目前北美地区应用最广泛的测谎方法，但所受到的批评也最多。对于准绳问题测试法最多的担忧在于，测试中不恰当的准绳问题使用会增加将无辜者错误认定为有罪者的风险。有资料表明，准绳问题测试法测试识别有罪者的得分是相当高的。有罪的嫌疑犯大部分（87%）被正确识别为有罪，而相对较少的（10%）被错误地归为无罪。准绳问题测试法在证明无辜被试的无罪方面表现得要稍微逊色一点。

犯罪情景测试法（GKT）

犯罪情景测试法（guilt knowledgment test，GKT）是由美国明尼苏达医学院心理学教授莱肯（David Lykken）设计的，其前身正是紧张峰测试法。其基本假设是：只有真正的作案人才会有犯罪情景的认知，但他被问及相关问题时，会产生自主唤醒反应，出现强烈的心理—生理反应；而对于无关问题则没有强烈的指标变化。那些对案情一无所知的无辜者，对相关问题的指标变化和无关问题的指标变化水平是相近的，都趋于正常水平。

	编号	类　型	内　　容
第一遍	1	无关项	是用菜刀杀的吗？
	2	无关项	是用斧头杀的吗？
	3	关键项	是用匕首杀的吗？
	4	无关项	是用三角刮刀杀的吗？
	5	无关项	是用手术刀杀的吗？
第二遍	6	无关项	是用斧头杀的吗？
	7	无关项	是用手术刀杀的吗？
	8	关键项	是用匕首杀的吗？
	9	无关项	是用菜刀杀的吗？
	10	无关项	是用三角刮刀杀的吗？

续表

	编号	类　型	内　　容
第三遍	11	无关项	是用斧头杀的吗?
	12	无关项	是用手术刀杀的吗?
	13	关键项	是用匕首杀的吗?
	14	无关项	是用三角刮刀杀的吗?
	15	无关项	是用菜刀杀的吗?

20 世纪 80 年代以后，随着电子计算机技术的广泛应用，传统机械式的多导测谎仪也开始向着计算机化发展。代表性方案是计算机化测谎系统（computerized polygraph system，CPS）：通过接触式或者非接触式（技术）方式收集和即时呈现各项测谎心理生理指标的功能；自动诊断功能；直接评定被试者说谎的概率值。初步的结论证明，多导仪技术计算机化的自动诊断的准确性与专家诊断能达到同一水平。我国使用的 PG 测试技术及认识综合测试技术在人工智能的帮助下，走上了多种测试技术相互配合、网络数据共享的智能化发展道路，如 AI 学习技术下的犯罪侦查—审讯认识行为一体化技术。

35

测谎术：微表情测谎

在测谎技术研究的新领域中，许多的科学研究正在试图找到说谎的非言语指标。在传统的心理—生理反应指标之外，外显的微表情（micro expression）、身体语言（body language）成了揭露谎言的技术中另一个具有广泛应用前景的新方向。

微表情与测谎

微表情研究主要围绕人的非言语线索探究被研究者的心理。微表情是人在受到外界刺激后脸部肌肉组织做出的细小表情。1966 年，学者哈格德等率先发现了人类的微表情现象。美国情绪心理学研究领域的著名专家艾克曼（Paul Ekman）是系统研究微表情的先驱，他在以进化论倾向的情绪心理学与临床心理健康经验的基础上，主张人类除了有普通表情，还存在着两种常常难以被人觉察的表情：一种是弱表情（subtle expression），其强度非常低；另一种是微表情，其持续时间非常短。1969 年，艾克曼与弗里森（Friesen）在临床案例中发现了微表情现象，并开始系统研究。他们通过分析一段抑郁症患者自杀前的视频，发现了该患者在做未来规划时表现出的一个非常痛苦的表情，其持续时间非常短，艾克曼称其为微表情。微表情是几种基本表情状态的缩影（潜意识的快速表达）。目前，通常认为微表情的持续时间是 40 毫秒至 200 毫秒。

微表情被认为与潜意识的自我防御机制有关，表达了被压抑的情绪。微表情可以被看作个体在特定情景或条件下强烈的、深藏的消极情绪、情感的潜意识外泄；它往往在人们紧张或撒谎时出现，它潜在地表达了人试图压抑与隐藏真正的情感；它是一种自发性的表情动作，尤其是自我防御性的强烈情绪（如恐惧、焦虑、害怕、急躁等消极情绪），因而，可假设性推断微表情与撒谎行为之间存在密切相关性。研究表明，特定个体的微表情识别能力与谎言识别能力呈正相关。艾克曼与弗里森研制了短暂表情识别测验（brief affect recognition test，BART）。被测者经过辨认该系统快速呈现的一些表情图片来培养其微表情识别能力。结果表明，被测者在 BART 测验中的得分与他们在谎言识别测验中的成绩呈现非常显著的正相关：BART 高分者对其谎言识别成绩具有较好的预测结果。

由于微表情不受主观意识控制，所以它很难为人们所觉察。为了提高微表情识别的能力，艾克曼研究团队研制出第一个微表情训练工具（micro expression training tool，METT）。该工具包含前测（pretest）、训练（training）、练习（practice）、复习（review）与后测（posttest）五个部分。前测和后测是为了测量被试在未受训练的情况下和受训练后的微表情识别能力。训练、练习与复习三个部分构成 METT 的训练程序：在训练部分，艾克曼用视频方式讲授识别微表情的要点；在练习部分，被试练习使用在训练部分学习到的技巧对微表情进行识别；在复习部分，被试进一步巩固学习到的技巧。结果发现，该工具可以在短期内将识别能力提高30%—40%。据相关报道，近二十年来，微表情的谎言识别技术已经在美国开展的公共安全及反恐领域中进行了探索性应用，并在传统的犯罪系统支持下取得了较好的公共安全防卫效果。

微表情研究在近二十年引起了很多研究者的关注，其识别工具和训练工具也在逐渐发展。但目前在普通刑事司法实践中应用较少，更多的是在实验室或审讯室中进行探索性应用。其主要困难在于微表情出现的速度很快，人工识别存在很大困难，可靠性也无法保证，因此，要想将微表情用于谎言识别，必须构造能够识别微表情的自动谎言识别系统。但这种系统对程序的精确性和灵活性的要求都很高，而且系统应用的跨文化一致性也有待验证。

身体微反应与测谎

非言语技术的另一方向是身体的微反应。微反应即指向犯罪者与无辜者在面对特定信息或情景时身体活动（手势与脚部活动）、面部线索（眼神接触、微笑线索）与言语行为线索（反应延时、声调）方面的差异。虽然没有证据表明说谎者与说真话者在外显的行为上存在差异（一般而论，无论诚实还是说谎行为中，非言语信息与之不存在明显的、强烈的相关性），但是，研究也发现了关于欺骗行为几项较为可靠的非言语信息线索：说谎者倾向于使用更高声调说话，而且说话时伴随着较高的紧张度（可能是体验到心理生理高唤醒的原因），当然，此差异通常较小，只有通过特定的设备才能侦查到；说谎者的说话疏忽、错误较多（单词、句子的重复，句子不够完整，发音不准确）；以谎言作答时的延时较为常见；倾向于说短句，不做更多解释（更多伴随手与脚的活动以强调说话的内容）；说话更为被动（而不是主动表达）；更多做否定的陈述；尽量避免与询问者目光对视；坐立不安。值得特别注意的是，在非言语技术中，如果犯罪嫌疑人富有受讯问的经验，或者面对讯问前早有准备，非言语信息的预测作用会大大降低。

微反应技术应用的典型是，美国联邦调查局在针对犯罪嫌疑人谎言的实践中总结出来的微反应识别技术：通过面部表情、手势、身体移动、身体距离、接触、姿势等方面的信息揭露对象的思想、意图与真诚度。因为人在面对焦虑、紧张、威胁的情境中，会自动化地启动进化而来的防御本能，即战斗或逃跑的生存模式。在威胁或焦虑中自然体会到不舒适感，人的边缘系统就会启动反应机制去安抚身体以缓解焦虑等不舒适体验，由此潜意识地在身体反应中体现出来。因而，微反应的体语比言语更为直接、自然而可靠。这种因为紧张引发的不舒适感而下意识地表现出来的常见“安抚”微反应表现有：

- 视觉阻断；
- 嘴唇按压；
- 流汗与手心出汗；
- 安慰行为（触摸或按摩颈部）；
- 快乐脚与转向脚，抱紧膝盖；
- 叉开双脚：捍卫领地（意识）；
- 躯体倾斜；
- 腹部否决与腹侧前置；
- 躯干伸张；
- 挺胸；
- 大口喘气；
- 耸肩与臀部收缩；

- 积极手与消极手；
- 尖塔式手势；
- 手心出汗与手掌颤动；
- 舌头动作；
- 鼻孔张大；
- 不停地咬指甲；
- 瞳孔放大与眯眼；
- 真笑与假笑、职业性微笑；
- 冷笑与厌恶。

美国联邦调查局在司法实践中，在行为科学的支持下，总结出了一些指向犯罪嫌疑人试图掩盖真相的身体反应信号——情绪表情信号、微表情信号、身体微反应信号，并已经广泛应用于对付严重暴力犯罪、性犯罪及恐怖主义危害公共安全犯罪的实践中，也取得了超出传统侦查手段的效果。目前，此技术正处于接受实践检验阶段，主要解决技术实施中犯罪类型化、识别系统化，以及神经机制个体差异性的循环验证等核心问题。当然，非言语技术实际上是一种规范技术与经验的结合体，甚至个人经验与专门化训练比技术技巧本身更为重要。所以，在培训与掌握诸如表情识别技术等非言语技术时，个人的社会阅历、对特定人群（如暴力犯罪人、性犯罪人、恐怖分子）社会心理的深入理解，以及长期系统的练习与经验修正就显得尤其重要，指望通过短期培训或者掌握标准的识别口诀（如影视作品中描绘的微表情—体语解读者的神奇本领或者读心术那样）是不太可能在现实的刑事司法实践中成功运用的。

不同于影视作品中具有的神奇效果，微表情—微反应测谎的理论基础实际上还是比较薄弱的，其心理生理机制及发生作用模式仍处于探索阶段。例如，微表情与说谎模式的关联、训练过程中潜意识状态下的微表情如何进入对象的意识层面、恐惧条件下微反应的个体差异等关键问题尚未得到清晰的解答。但是，基于微表情的谎言识别技术应用广泛，从谎言识别准确性的研究到如何提高谎言识别能力的研究，在心理健康临床、国家公共安全、刑事司法领域都有着可观的应用场景。在互联网信息技术的支持下，这种基于非言语线索的自动谎言识别系统（技术）也正是未来测谎研究与司法应用、社会应用的新方向。

36

测谎术：言语测谎技术

犯罪心理学研究者于近二十年来正努力探索测谎的新策略，分析言语内容就是新策略之一。分析言语内容即直接重点分析说话者所说的内容，而不去考虑其说话时的生理反应。其中最为突出的言语分析技术（方法）有陈述有效性评价、真实监测、科学内容分析等。

陈述有效性评价

陈述有效性评价（statement validity assessment，SVA）的实质是评价者分析对方陈述内容的真实性。此技术 20 世纪 90 年代发源自德国、瑞典等欧洲国家的司法心理学家在面对儿童性侵犯案件中判别儿童证言可信度问题的实践。

其基本假设是，基于真实经验的陈述在形成机制与表述过程方面不同于基于虚构、想象内容的陈述。虚构的陈述与亲身经历过的事情的陈述相比，往往不够生动，色彩不够鲜艳，包含事件的细节较少。因为亲身经历过的事件记忆的内容包含许多知觉信息（如视觉、听觉、味觉的细节）、情境信息（如具体的时间、地点、事件发生的细节等）、情感性信息（如关于某人在该事件中具体感受的细节）。这些内容的记忆经常是清晰的、生动的、具体的。而基于想象的记忆主要来自个体内部，所以更多包含认知操作成分：思维与推理（例如，我仅仅记得我所想到的，我的朋友为了一个礼物才去做那件事）。这些记忆的内容常常是模糊的，而且不够具体、确切。真正经历事件的人会对事件做出更富含细节的描述，这些细节描述可以被认定为说真话的一种通用标准。

该技术的基本做法包括三个方面：让被测试者在半结构化的面谈中不受干扰或者暗示地自由陈述；对书面陈述内容，以标准内容分析（criteria-based content analysis，CBCA）工具进行陈述可信度的评价；然后以“效度检测清单”（Validity Checklist）对标准内容分析评价结果予以解释。在此，标准内容分析工具是寻找真话（而非假话）的线索。在广泛使用的标准内容分析工具（19 项评价条目）中，最能得到研究证实有效的条目是细节的数量、无结构化的陈述、背景信息的嵌入、重复信息等。

陈述有效性评价技术的收集陈述内容、分析陈述内容和内容分析结果评定的相互联系的三个方面中，分析陈述内容是核心，即基于标准的内容分析。评估者审视陈述内容是否具备或缺乏参照标准的要求。陈述内容符合参照标准的个数越多，说明陈述越准确、真实，越能够证明该陈述的内容来自个人的经历，而不是来自虚构。标准内容分析的标准可参照以下三个维度，如证言越符合以下参照标准，则陈述的真实性就越高，包括事件一般特性具体内容、与动机有关的内容。

1. 一般特性

一般特性是指陈述的总体质量，如内容必须在逻辑上是一致的。当证言显得颇具“合理”性，即严格依照时间顺序时，证言往往真实性较差；一般来说，非说谎者的陈述比说谎者的陈述包含更多的细节。证言越具体，包含细节越多，则证言的真实性越高。

2. 具体内容

具体内容包含的是真实记忆的认知证据，如说真话者会报告更多的事件发生的时间和空间信息，如语境铺垫、对交互行为的描述、话语复述、异常的细节、主观的心理状态的描述、犯罪者的心理状态的归因等；证言陈述时，插入的情境（如持续时间、发生的具体地点）越多，描述的时间、地点越具体，则证言的真实性越高。

3. 与动机有关的内容

与动机有关的内容则是考查被试是否表现出与诚实刻板印象不一致的行为，如说真话的人会更可能自发地改正自己陈述中的错误，更可能怀疑自己记忆的准确性等，包括证人自发更正、承认记忆的缺乏、对自己的证言有怀疑等；提供真实证言的证人会无意识地接受先前错误的描述，并自发地修改先前的描述。而作伪证者则显得较为谨慎，在没有把握的情形下不轻易地矫正先前的陈述（甚至于尽量少说话，因为潜意识中他知道“言多必失”）。

例如，当审讯者向嫌疑人提出一些超出嫌疑人计划范围内的问题时，嫌疑人往往会显得束手无策，只能用“不知道”或“不记得”的话语来搪塞。这种搪塞性的语言可以指引审讯者逐步发现问题的关键。例如，嫌疑犯实际上是单独用餐，却假装自己是跟朋友一起用餐，则当审讯者问到“离你最近的餐桌前坐着谁？”“谁先用完餐，是你的朋友还是你？”时，这些问题属于意想不到的问题，在区分说谎者和说实话者上有较大的作用，而当问到“在就餐时你都做了些什么？”时，这个问题则属于一般的可准备问题，在辨别谎言中的作用不大。

目前来看，陈述有效性评价技术得到了许多实证研究的支持。陈述有效性评价技术比通过非言语的行为分析来区别说谎者与非说谎者具有更好的效果。当德国使用陈述有效性评价技术取得一定成效后，荷兰、英国与美国的有些州也相继使用该技术，荷兰与美国已在刑事领域尝试使用，英国主要在民事领域使用。但其成果尚未能作为刑事证据使用。

陈述有效性评价发端于欧洲的司法实践总结，它依赖于分析者强有力的逻辑思维能力与经验积累；分析者的思辨能力在该技术中具有举足轻重的地位。这是此技术主要流行与发展在欧洲部分地区的原因。此技术目前主要应用于儿童、青少年涉法涉罪事件中；在是否适应于所有的刑事案件（包括成人案件、非暴力案件等），以及普遍有效性问题上存在着较大的争议。该项技术是否适合我国的司法实践还有待进一步探索，但至少在侦查阶段可以尝试。有效地使用陈述有效性评价技术，有助于侦查人员获得较为准确的信息，从而缩小侦查范围，提高侦查效率。

真实监测

真实监测（reality monitering）是言语分析技术的另一新的发展方向，由阿隆索·奎克提（Alonso Quecuty）首先提出，它以人类记忆的研究成果为基础，检测真实陈述与虚假陈述的言语差异。其基本观点是真实经历事件的记忆不同于虚构、想象事件的记忆：真实记忆通过感知与信息加工而获得，同时具备相应的背景信息；虚构的信息来自内心认知加工，更多体现的是行为人主观操作（思维与推理、决策）的结果。

相应地，真实的事件反射为说真话，而虚构的事件反射为说假话。其中，代表性的评价工具是真实监测标准（RM）：五项真话标准，即信息清晰性、空间维度信息、时间维度信息、情感信息、事件的可重建性与现实性；一项谎言标准，即认知操作性。马西普等人的研究是第一个对测谎领域关于真实监控的系统研究。该技术的总体准确率为 75%；在识别谎言和识别真话上同样准确，而且对儿童陈述和成人陈述都行之有效。总之，由于该技术建立在一个成熟的理论框架之上，并且其识别标准也相对容易学习，因此真实监测技术是标准内容分析的一个颇有价值的替代方法。

在言语分析技术中，陈述有效性评价与真实监测具有相似性（重点寻找真话的标准线索）与差异性（前者来自司法实践的要求，后者更多来自研究的目的）。它们都是依赖根据经验或研究制定的标准来检验说话内容的真实性，但其标准各不相同。它们都需要特定的训练以实施有效的评价，它们的评价都需要发展标准化的问题。它们的平均准确率为 70%。当前西方司法实践中，由于其实施的易行性与较高的准确性，真实监测技术受到更多的推荐推广。

科学内容分析

科学内容分析是言语分析技术的新发展，如以强调言语变化与陈述否定为核心标准。该技术是由以色列前测谎人员萨皮尔（Sapir）开发的。与陈述有效性评价和真实监测类似，科学内容分析的基本假设是，基于真实经历记忆的语言内容不同于基于虚构经历的语言内容。科学内容分析的对象是书面陈述，最好是由被试手写的陈述（以确保是被试自己的话）。科学内容分析涉及的标准非常广泛，包括“否认指控”“情绪”“语言变化”。科学内容分析共包括 12 项标准，分别来自学术研究、教授此项技术的培训或针对该技术的实证观察。

到目前为止，针对科学内容分析测谎价值的研究仍然很少。实验室的一项研究表明，就所检验的科学内容分析标准而言，真实和虚假的陈述并没有明确的差异；而对于实地研究而言，研究结果往往由于实验材料与类型的不同而存在显著的差异。因而，一般而论，虽然该方法的名称带着科学的意味，但人们应该知道的是，当前支持该技术的科学研究与应用的证据还是非常薄弱的。

37

犯罪心理画像

俗话说，“画虎画皮难画骨，知人知面不知心”，那么，具有强烈对抗性的潜在犯罪人的行为与人格特征能否在精神分析与行为科学知识的帮助下准确地刻画出来？

犯罪心理画像（criminal profiling），也称为“犯罪人特征剖析”“犯罪人心理画像”“犯罪行为分析”“犯罪人格画像”等。犯罪心理画像是在案情及侦查所获取信息的基础上，运用犯罪心理学理论和逻辑学、统计学等方法，对犯罪嫌疑人心理及行为特征进行推断的描述技术。

为什么能够对罪犯进行心理画像

具体案件中犯罪心理画像的方法趋向于依赖心理分析者的经验和洞察力，而其技术的整体科学性在于犯罪心理学、犯罪学、社会学的基本原理：犯罪心理导致犯罪行为，犯罪行为反映犯罪人的内心世界。

犯罪现场反映犯罪者人格

犯罪者与正常人的人格形成过程都是一致的，人格是个人成长过程中与周遭环境、人物互动的结果，包括生物遗传、文化环境、社交环境以及共同的生活经验等。只要周遭环境没有产生太大的变化，其人格特质通常会一直持续。相对而言，犯罪人在实施犯罪行为时，也会表现出某些个体化的特性，这是犯罪心理画像所持的基本论点。

犯罪行为模式大致相同

犯罪惯技（modus operandi）与犯罪标识（crime signature）是犯罪心理画像中关键的、核心的主题，也是发现犯罪人行为轨迹的重要线索。犯罪人在实施同类型犯罪行为时，整个过程会有共通性或一致性，如犯罪方式，犯案工具、时间、场所，被害人的选择，语言及行为，犯罪现场的处理，等等。犯罪惯技是犯罪人在“犯罪动力定型”作用下自动产生的（意识性）行为特征，具有相对稳定性与持续性。而犯罪标识则更为隐蔽而强烈地（以潜意识方式）折射出犯罪人内隐的犯罪动机与人格特征，对于提示其犯罪心理形成与指向轨迹具有“深刻而直指人心”的作用，也是标定某类或者某一犯罪人的重要特征。

犯罪人的人格特征具有相对稳定性

犯罪人的人格不易改变，犯罪人的人格特质也会影响犯罪手法，犯罪手法有其发展的系统性与一致性，这些犯罪行为发生、发展的规律性变化特质正是犯罪心理画像所依赖的基础，也是犯罪所呈现的基本格调。心理学研究表明，个人的行为模式是其独特人格的反映。作为特征剖析人员，必须具有丰富的行为心理学知识，并且相信人们的各种社会行为均是行为人心理与人格的反映。在进行特征剖析时，只要认真分析犯罪人的行为表现，就可以推测其犯罪时的心理状态、心理活动内容和其个性特点。

在犯罪人的变态心理与犯罪行为方面，国内外罪犯特征剖析人员参与案情分析的案件，以系列杀人案件居多。这些系列杀人案件的犯罪人常常患有某种类型的精神障碍而具有某种病理性犯罪动机，正是这些病理性犯罪动机，导致犯罪人在一个周期内重复同类犯罪行为。专业的特征剖析人员则可以利用其丰富的变态心理学知识，迅速发现犯罪现场所包含的心理变态者的犯罪行为特征，并认定该起案件是哪一类心理变态者所为，从而为侦查活动指明方向。某一案件越不合常规，犯罪现场所反映的心理变态者的思维和行为特征的信息就越多，特征剖析人员就越容易推测犯罪人可能具有的人格特征及诸如年龄、种族等人口学特征。

美国司法心理学家总结出如下适合该技术的案件类型：

- 虐待、折磨的性攻击案件；
- 摘除内脏的凶杀案件；
- 杀死后又用刀子深砍或肢解尸体的案件；
- 缺乏动机的纵火案件；
- 色欲偏离及切断手足的谋杀案件；
- 仪式（宗教）主义的犯罪案件；
- 系列性的强奸案件；
- 恋童癖案件。

犯罪现场分析

1955 年，精神病学家介入纽约“炸弹狂”案件并成功侦破，开启了犯罪现场分析（crime scene analyses）的先河。它以经典的精神分析理论为基石，依靠临床精神医学经验对犯罪人进行行为及人格特征的分析与追踪。其开始于 20 世纪五六十年代，系统化地确立于七八十年代。其研究方法主要包括访谈和阅档。受到精神分析的影响，犯罪现场分析特别强调推断犯罪人童年期的经历、原生家庭的结构或其功能的不完整性、早期偏差行为的体现（如注意缺陷与多动障碍、对立违抗性障碍），以及成年后的重大挫折等事件与犯罪行为之间可能存在的关联。经过初期的办案经验积累，在 1979—1983 年，美国联邦调查局行为科学组的调查人员访谈了当时在监狱服刑的 36 名杀人犯，了解他们的生活背景、犯罪情况、犯罪现场及被害人情况，建立了犯罪现场分析技术体系。其中，还使用了很多官方资源，查阅了法庭档案、警察报告以及精神病记录等。他们所收集的数据成为犯罪现场分析方法的基础。

犯罪现场分析的程序包括以下四个步骤：

资料收集

包括收集与评估和具体案件相关的各种资料。包括以下方面：1. 犯罪现场信息。具体包括犯罪现场的物证，证据的形式、形状、位置等，尸体位置和凶器等。2. 被害人。包括被害人的年龄、职业、背景资料、生活习惯、家庭结构、最后被人发现时的情况等。3. 法医资料。包括法医在尸体检验后确定的死者的死因，伤口情况，死亡前 / 后的性行为，验尸报告和实验室化验报告。4. 警方初步侦查报告。包括与案件有关的各种背景资料，现场勘查结果，犯罪时间，报案人身份，死者邻居的情况，死者的社会地位及经济状况，案发地区的犯罪率。5. 照片。包括对犯罪现场环境的空中摄影，现场照片，以及被害人的照片。

分析研判

包括对第一阶段收集的所有信息进行合乎逻辑的分析，具体地说，是形成对杀人案的种类及形式、犯罪人的原始意图、被害人的风险、凶手的危害性、案情的恶劣程度、犯案的时间及地点等各方面因素的基本认识。例如，犯罪是否属于众杀（mass murder，即在同一地点、同一次犯罪中有 3 名以上被害人的杀人行为）、狂暴杀人（spree murder，即在情绪激动状态中连续进行的两次或者更多次的杀人行为）或系列杀人（serial murder，即三次或者更多次相互之间没有情绪关联的独立的杀人行为）。根据研究人员的总结，不同类型的杀人案件中，犯罪人具有不同的动机及个性特征。

犯罪评估

这一阶段，特征剖析人员根据前两个阶段的分析结果，研判出整个案件是如何发生的、被害人与凶手双方的行为，以及凶手是如何计划及组织整个犯罪事件的。具体包括以下几方面的内容：有组织力犯罪或者无组织力犯罪、强奸犯罪中自私的强奸或利他的强奸。

例如，根据美国联邦调查局行为科学组解释：美国“校园杀手”邦迪是有组织力强奸杀人犯的一个典型。他有计划地诱拐年轻貌美的女性，选择的被害人在外表上与他前女友高度相似。邦迪通常使用自己外表上的魅力和诡计，如假装胳膊受伤以得到年轻女性的帮助，被害人一旦被骗上车，立即被远距离地带往异地。他在杀死被害人之后，对被害人的尸体都会进行性虐待行为。而无组织力杀手常常不能详细计划自己的犯罪，是在偶然的情形下与被害人相遇，在犯罪期间行为杂乱无章。例如，穆林（Herbert Mullin）是无组织力杀手的一个例子。

在 1972 年 10 月到 1973 年 2 月，穆林在加利福尼亚州克鲁斯及附近杀害了 13 人。他任意地选择被害人，有无家可归的人、搭便车的旅行者、教堂的牧师，还有 4 名青少年露营者。根据其陈述，一旦他听到杀死一个人的“指示声音”，他就会杀死一个以前从未见过的人。

犯罪人调查

经过前述的分析过程，如果没有发现犯罪人，或发现新的证据，特征剖析人员要重新进行特征剖析。成功的分析及调查会导致犯罪嫌疑人被逮捕，特征剖析人员需要考察犯罪嫌疑人的特征与他们的描述是否相符。在很多情况下，犯罪人并不能立即被抓获，能够被检验的特征剖析不会超过 50%。

然后，在此基础上，进行下一步的研判——评估与侦查工作。

- 初步确定犯罪嫌疑人范围；
- 实际比对排查（基于犯罪人数据库）；
- 试探 / 确定潜在的犯罪嫌疑人；
- 实施刑事司法强制或逮捕措施。

演绎法的犯罪心理画像

运用演绎推理的犯罪心理画像中，心理画像人员根据自身掌握的法庭科学与其他学科的知识以及犯罪现场的具体情况，推测具体案件的犯罪人的各种特征。

演绎法的犯罪心理画像，就是解释法庭证据的过程，包括对犯罪现场照片、法医报告以及对被害人的全面研究。具体地说，心理画像人员通过演绎方法，可以精确地重建犯罪现场行为模式，并且从一些具体的、个别的行为模式，推导出犯罪人的情绪、动机等心理特征及人口统计学特征。例如，在一处偏僻的森林里发现了一名女性被害人的裸尸，其胸部有四处浅的、精细的并且在乳头处交叉的切痕；在眼睛、脖子及脸部可见瘀斑，脖子上有勒痕；在现场看不到血迹、衣服；被害人的手腕上有被绷带勒过的痕迹，但在现场并没找到绷带；在离尸体大约 20 米的地方有新鲜的车轮印。因此，对犯罪行为的重建思路如下：被害人手腕上有搏斗形成的痕迹，可以做出的推论是犯罪人在被害人还活着的时候将其捆住以控制被害人；现场没有发现绷带，可以推导出犯罪人抛尸之前解开了绷带，意图是掩盖犯罪证据；现场没有发现血迹，符合抛尸现场的特征；等等。现场的各种细节共同表明，此案的犯罪人有较高的智商和反侦查经验，很有可能有稳定的职业，并且有可能是一名性施虐狂。在这单一案件的分析推理中，“似乎”并没有采用该类案件的一般性资料（归纳法的结果），而是直接从单个证据到单一事件的分析结论（犯罪行为与犯罪现场重建）。

犯罪心理画像人员采用演绎法判断犯罪嫌疑人的过程中，虽然存在着发生“直觉”或“顿悟”现象的可能性，理论上其认识的形成仍需遵循某种逻辑。然而，演绎推理中也存在着普遍的推理风险：包括专业人员在内，人们在现实生活中是按照一种“朴素生活逻辑”而非以皮亚杰所称的“形式运算”（抽象的合乎逻辑的判断和推理）进行思维。原因有二：在很多情况下，情境不可能提供充分的和精确的信息，而这些信息对于通过严密的推理得出一个精确的结论是必需的；即使情境提出了必要的信息，人也可能不会像逻辑推理所要求的那样对这些信息有非常准确的理解。这种“朴素生活逻辑”，由于其非逻辑性，思维的正确率经常低于 20%。而在刑事侦查活动中，心理画像人员提出的结论，如果发生错误，可能导致浪费大量的警力、延误侦查时机等不利的后果。现实中的情况是，应当运用严密的逻辑推理与直觉的“朴素生活逻辑”之间的差异。

归纳法的犯罪心理画像

归纳推理，即根据某类案件已有的统计资料或心理画像人员自身对这类案件的描述经验推导出个案中犯罪人的各种特征。

归纳法的犯罪心理画像，是将基于数据统计而获得的某类犯罪人所共同具有的行为的和人口统计学的特征推论于个体犯罪人。这种推理方法的前提是对同类犯罪人具有的共同特征进行了分析和概括。用以归纳出犯罪人特征的资源主要有三个方面：

第一，对已知的被监禁的罪犯的研究，包括对罪犯进行的具有临床及非临床性质的面谈。

第二，由犯罪心理画像人员所积累的画像经验。

第三，公共资源，包括大众传媒。

归纳法的犯罪心理画像是根据已有的统计数据来推论某个犯罪行为人具有的特征。例如，已知 80% 在停车场袭击大学生的杀手是年龄在 20—35 岁的白人男性，与母亲共同居住，开一辆大众汽车。在一个真实的案例中，某个犯罪人在多个停车场袭击了至少三名女大学生，那么，此犯罪人就符合上述犯罪人的特征，具有年龄在 20—35 岁及其他相应特征。这种心理画像法易于使用，不需要任何特别的法庭科学知识，以及犯罪行为或刑事侦查研究方面的必要的教育或训练。另外，他指出，这种方法有显而易见的缺陷，主要体现在以下两个方面：第一，归纳所用的资料来自有限样本，这些样本未必在行为特征方面与被推论的案件相关。第二，样本往往来自已知的、被捕的罪犯，而仍然有大量的高智能的犯罪人逍遥法外，统计数据存在明显的偏差。

【案例】

纽约炸弹狂

事件开始于1940年11月16日，人们在纽约市爱迪生综合大楼的窗台上发现了一个小型的粗制管炸弹，并且在外部贴有一张字条，上面写着："爱迪生的骗子们，这是给你们的！"并且留言F. P.（它不是个人签名，其实是fair play，即"公平游戏"）。

直到1950年3月29日，一枚炸弹在纽约公共图书馆的一个电话亭爆炸，才重新引起了警方的注意。1950年的平安夜，《国际先驱论坛报》收到了一封匿名信。信件是从韦斯特切斯特寄过来的，材质十分普通，内容全是手写的大写字母：

"我是一个病人，因为这个病我十分怨恨爱迪生公司，该公司会后悔它的卑劣罪行的。不久我还要把炸弹放在剧院的座位上。仅此通告。"

在接下来的五年时间内，纽约的报社、旅店和百货商店都收到过类似的纸条。炸弹开始陆续爆炸，引起了民众的恐慌。但是这位神秘的送信人却从来没有留下过任何指纹。

到1955年，犯罪人一共放置了至少33枚炸弹，其中22枚爆炸，导致15人受伤。新闻媒体将其称作"炸弹狂"（The Mad Bomber）。

在纽约警察局多次侦查均无收获后，当时的侦探长霍华德就带着炸弹的碎片和罪犯写的信以及爆炸地点的几张照片找到了临床心理学家詹姆斯·布鲁塞尔博士。布鲁塞尔花了4个小时进行了分析，并且列出了17条线索：

1. 男性。根据能制造炸弹，远距离多处放置炸弹，狂妄地留下字条，以及字迹特点等线索得出。

2. 年龄在 50—60 岁。他认为爱迪生公司害了他，渐渐地认为整个世界都在欺骗他，进而变成偏执狂。偏执狂有潜伏期，但是一过 35 岁就变得一发不可收拾。此人放置炸弹已经有 16 年了，所以年龄应该在 50 岁以上。

3. 不胖不瘦，中等身材，体格匀称。从心理学角度，人类的体格、个性和精神疾病的发展都会有关系，其中 85% 的偏执狂具有运动员的身材。

4. 独身，没有朋友，与年长的女性亲属共同生活。此人经历过失去母爱的重大痛苦，此后也没有人给他爱情和友谊，创伤一直没有愈合，导致这种怪异行为的连续发生。因为缺少母爱，所以会寻找年长的女性亲属共同生活，如果没有这个女性亲属的陪伴，必然令其狂躁，爆炸的密集度和时间跨度都会改变。

5. 居住地在布里奇来特区。匿名恐吓信不是在纽约就是在韦斯特切斯特投寄的，因此此人的住所可能在两地之间。

6. 居住在一个单独的院落中。制造炸弹必须有一个设备很好的工作室，也不会妨碍邻居，并不被人发现。

7. 受过良好的中等教育。从其清秀的字体可以看出。

8. 衣着整齐，风度翩翩。一个偏执狂在衣着和举止上，会有完美性格倾向。

9. 工作一丝不苟，属于模范职员。从清秀的字体和干净的信纸推断其工作态度一定不错。

10. 不是纯粹的美国血统。“卑劣罪行”这个词用得不够美国味。他还把“爱迪生公司”写成“Society Edison”，而不是美国人常用的

“Consolidated Edison”的缩写“Cons. ED”。

11. 具有斯拉夫人血统。对仇敌采取报复措施因地而异，地中海沿岸的人多用匕首，斯堪的纳维亚人用绞索，斯拉夫人用炸弹。布里奇来特区就是斯拉夫人集中居住区。

12. 信仰天主教，定时上教堂。斯拉夫人大都信天主教，规律性的行为正是其习惯之一。

13. 此人曾是爱迪生公司的职工。

14. 工作期间，曾对他有过不适当的处置。这种憎恨让他产生了报复行为。

15. 曾经受过一定程度的心理创伤，有恋母情结并憎恨父亲。男孩在幼年时会由于恋母情结而憎恨父亲，从而产生对权威的反抗，随着偏执狂病情的加重及对社会的憎恨，导致他到处放置炸弹。

16. 身患心血管疾病。他在字条中，一再声称自己是病人，他可能患癌症、肺结核或心血管疾病。

17. 喜欢穿双排扣的西服。

警察根据这些线索，很快锁定了犯罪嫌疑人。在彻查爱迪生公司档案时，发现了一个叫乔治·米特斯基（George Metesky）的人，并于 1957 年 1 月 21 日在康涅狄格州逮捕了他。神奇的是，布鲁塞尔博士的推测基本上是准确的，包括抓获时他穿的衣服正是双排扣的西服！

乔治·米特斯基是一位立陶宛移民的儿子，父母双亡，一生未婚。他在 1931 年的一次工业事故中受伤，当时爱迪生的子公司——一个工业照明与电力公司发生了锅炉回火事故。他作为员工，吸入了灼热的锅炉烟气，不得不卧床 26 周，然后被爱迪生公司辞退了。尽管他提出了终身残疾津贴，称该事故引发了肺炎并发展为肺结核。但是由于时间过去太久了，公司拒绝了他的索赔要求。他上诉了三次均以失败告终。之后便一直处于失业状态，并不得不与他的两个姐姐同住。

米特斯基是一位立宛陶移民的儿子，这代表着他在青少年时期的自我同一性形成方面有一定的困难。两国的文化差异、当地群体的不接纳都可能导致自我认同出现偏差，进一步影响他与他人关系的建立，不相信他人，难以与他人维持正常交往。他变得沉默寡言、不善交际，但是做事又倾向于完美主义，心中容不得一点差错出现。这也为之后当他遭受了巨大的打击时，负面情绪没有办法和渠道纾解埋下祸根。

他直接面对父母双亡，尤其母亲的死对他是一个十分沉重的打击。此后他也一直没有收获过爱情和友情，独来独往，创伤一直没有愈合，且在不断加深，这些情感上的打击成了他偏执性格的潜在因素。

米特斯基是一个表面上看起来十分温文尔雅的人。爱迪生公司对出事前的米特斯基的评价是：办事勤快谨慎，性情温柔，行为端正，能严格遵守规章制度和上级的指示。他对同事们十分和善。邻居们评价他对人总是彬彬有礼，但是很少与人来往。

从这些评价中不难看出，米特斯基是一个对自己要求十分严格的人，有完美主义的倾向。这些从他准备的字条上面清秀工整的字迹也可知一二。但是在经历了工伤、患病、被辞退、被拒绝赔偿等一系列打击之后，巨大的负面情绪使得他的心理防线崩塌，从而诱发了“偏执行为”。他认为爱迪生公司害了他，渐渐地认为整个世界都在欺骗他，进而变成偏执狂，开始制造大量炸弹，想用自己的方式惩罚爱迪生公司。

在他的心里，他可能一直是正义的一方。他在被逮捕后向警方表示：他的留言 F. P. 代表着公平游戏（fair play）。

38

行为证据分析

行为证据分析法由美国的法庭科学家和犯罪心理画像家特维（B. Turvey）于20世纪90年代末提出，是美国犯罪心理画像技术发展的新代表、新趋向，是行为法学与行为主义心理学相互融合的成果，它强调犯罪现场信息、被害人数据与行为证据的紧密配合。

所谓行为证据，指任何有助于确认某事件或某行为是否发生、如何发生以及何时发生的物证。在适当情形下，任何形式的物证，包括脚印、血迹模式、指纹、精液、伤口形态、药物等都是直接的行为证据。通过物证和行为证据分析犯罪行为模式，从这些模式中推断犯罪人特征的过程就是“行为证据分析”。

在1991年，美国从事犯罪行为特征剖析研究的特维在监狱访谈了系列杀人犯布鲁多斯（Jerome Brudos）。在访谈之前，特维用数月的时间查阅了法庭记录、手稿以及其他关于其犯罪的报告。通过访谈，他发现，被访谈者自己所说的犯罪故事，与有关的犯罪记录并不符合。特维说：“我第一次花了五个小时和他在一起，他几乎在这段时间里都在对我说谎。他对他所做的所有的事情都说谎。”他的这一发现，开始动摇美国联邦调查局行为科学组的犯罪现场分析方法赖以形成的基础。

他后来发展的犯罪心理画像的方法，就考虑到了犯罪人会对他们的行为撒谎，而最客观的关于犯罪事件的记录就是犯罪行为的重建。

行为证据分析的四个步骤

证据的分析

现场存在的任何一种证据都可能有不止一种的解释。强调证据的灵活分析，是试图评估证据最可能的意义。特维强调对物质证据的全面、充分的分析，认为只有很好地分析和解释物证之后，犯罪心理画像才成为可能。待评估的证据来源是广泛的，主要包括犯罪现场照片、录像及现场图、证据记录以及证据提交的形式，法医提供的相关资料，对证人及邻居的访谈，被害人在死亡前旅行的地图，以及被害人背景；等等。

被害人评估

特维认为，被害人评估是首要的侦查手段，它能够提供事情的前后背景、相互联系及侦查方向等信息。在案件侦查过程中，犯罪嫌疑人通常是未知的，通过对已知的被害人的分析则可以帮助划定嫌疑人的范围。总之，被害人对犯罪心理画像是十分重要的。在被害人未死的情形下，被害人必然是最为丰富的资源。即使在被害人已死的案件中，对被害人的了解也是不可忽略的。应当尽可能详细地对被害人进行描述。例如，关于被害人为什么、怎样、何时、何地被犯罪人选中，可以告诉我们很多犯罪人的信息。通过现场重建，如果发现被害人的尸体曾经经过一定距离的搬运，我们可以推断，犯罪人很有可能身体强壮，或有同伙。如果被害人是被诱拐到犯罪现场，没有经过挣扎，可以推断，犯罪人很可能与被害人相识，或者犯罪人是一个善于社交的人。

犯罪现场特征分析

此即分析犯罪现场的那些显著特征，主要体现为对犯罪人的行为决策有显著影响的现场特征，包括作案地点的确定、接近被害人的方式、现场法庭证据的有无等。特维认为，由于环境的影响、被害人与作案人之间的相互作用，以及现场遗留物证情况的不同，每个犯罪人留下的犯罪现场都是独一无二的，在进行现场特征分析时，应当灵活地而不是刻板地分析特定案件中的现场。

犯罪人特征分析

包括对犯罪人的人格特征与行为特征的分析。这一分析建立在前三步分析的基础之上，并且并非最终步骤。如果发现新的证据，就需要重新进行分析。可分析的特征包括：犯罪人的身体状况、工作状况、行为习惯、悔罪感或罪责感、车型、犯罪历史、疾病史、婚姻状况、种族、攻击性、居住情况，等等。这些特征结合起来即成为对犯罪人的特征分析。侦查人员可以根据这些特征到已知的犯罪人数据库中去搜索，或可以缩小排查范围。

特维总结了在犯罪心理画像中的两种推导原理：**归纳推理**与**演绎推理**。

39

侦查心理学

侦查心理学（investigative psychology）是英国司法心理学的典型，其学科创建人是司法心理学家坎特（David Canter）。该学科运用的技术本质上与美国的犯罪心理画像技术属于同一领域。也可以把侦查心理学看作英国的犯罪心理画像，因为犯罪心理画像是侦查心理学的核心。与美国的犯罪心理画像相同，其方法也是以统计学为基础进行推理判断，但侦查心理学加入“环境心理学”（犯罪地理画像）的内容及维度，并且根据对犯罪人及犯罪类型的研究不断地加以更新。

侦查心理学在方法论上采用统计学的特征分析，同时强调人类已经确认的正规知识（formal knowledge）的作用。其基本假设是：犯罪人作案时的行为是其日常生活中的行为反映；对犯罪现场的犯罪人的行为分析可以提供关于犯罪人的背景的信息。目前，在英国利物浦大学设有坎特建立的侦查心理学研究中心。

侦查心理学方法对犯罪人的特征剖析的模式是人际互动的五力因素模型（Five-Factor Model），即强调特别注重犯罪人与被害人之间五个方面的互动因素：人际关系的一致性、时间空间的显著性、犯罪人特征、犯罪生涯信息与犯罪人的司法 / 反侦查知识。

人际关系的一致性

在大多数案件中，可以将犯罪行为看作一种特殊的人际交往。坎特试图证明，犯罪人作案时的行为是他们日常生活中的行为的反映。他指出，关于对被害人的选择方面，犯罪人只会选择这样一种人，这种人在犯罪人正常的行为中也有重要意义。例如，邦迪的被害人被认为与他的前女友类似，均为留着披肩长发的漂亮女子。他支持这种观点的证据是，绝大多数的杀手是在他们自己的种族群体内选择被害人。

坎特指出，不同类型的犯罪，很有可能是由具有不同的家庭和社会背景的人实施的。例如，一名表现出幼稚的性行为的强奸犯罪人，可能暗示他没有多少性经验，并且当前也没有涉及两性关系。相比较而言，表现出老练的性行为，甚至要求被害人以特别的性行为来满足自己的强奸犯罪人，当前很有可能与妻子或女友住在一起。

在人际关系一致性分析中，值得关注的方面有：

- 存在“被害易感性”人群；
- 犯罪人在犯罪过程中的表现与其正常生活中的表现存在某种一致性；
- 犯罪人的人际交往方式一般不会剧烈改变，他们会以基本相同的方式对待犯罪情境中的被害人与日常生活中的人；
- 犯罪对象的选择往往会和犯罪人日常生活中的交流对象存在着某种重合性。

时间空间的显著性

犯罪人在预谋犯罪行为时，对犯罪的时间和空间是有选择的。犯罪的时空，可能代表了犯罪人对自己的周围环境以及对自己的行动安排（犯罪行为）的一种认识。具体地说，犯罪人确定某个时间作案，在多数情形下并非随机的，是基于对自己的工作时间或生活时间的考虑，选择对自己来说最合适的、可以从容实施犯罪的时间段。因此，通过对犯罪人作案时间的分析，可能会发现其工作或生活的某些线索。例如，坎特在一起铁路强奸案件中，通过对犯罪人作案时间的分析，发现犯罪人是一个能够频繁地在工作时间中实施犯罪的人，对这种人的“最简单的假设就是，他从事的是一种周末才上班的工作，或者说他从事的是一项临时性的工作……或者也可以假设，这个人从事的是一种需要不断旅行的工作，这种工作可以使他在一段时间内正当地不上班，而不会引起别人的注意”。后来的调查结果是，犯罪人达菲（John Duffy）正是在铁路上旅行的木匠。

通过分析犯罪地点的轨迹、特征剖析人员可以考察犯罪人的居住范围及居住的可能环境。坎特指出，美国联邦调查局提出的、与系列案的犯罪人的可能住址有关系的唯一指导原则是：在某些案件中，尤其是在犯罪人似乎没有精心策划其犯罪地点的情况下，他可能就居住在其第一次实施犯罪行为的地点附近。坎特研究了环境心理学后进一步发现：人们实际上有某个地区的心理地图，对一个地区的熟悉程度是最大的影响精确性的因素。犯罪人的行为是与犯罪人对周围环境的熟悉程度有关的，犯罪人尽可能地降低由于不熟悉周围环境而带来的危险性。犯罪人一般选择自己熟悉的、对自己很方便的地方实施犯罪，至少在最初是这样选择犯罪地点的。犯罪人作案的范围会越来越大，如其犯罪行为最初是计划性不强的性侵害，后来变为有预谋地在很远的地方杀人。这些犯罪行为的变化表明，他在犯罪行为方面的决心不断增大，计划性不断增强。犯罪地点应当被看成能够最大限度地增加犯罪成功的机会，同时又能够最大限度地减少危险的地方。犯罪人越是情绪激动，犯罪的地点离家越近。

坎特提出了理解犯罪地点的圆周假设：找出两个相互之间距离最远的犯罪地点，将这两个位置之间的距离作为直径，可以画一个包括所有犯罪地点的圆周。人们会发现，这个犯罪人就居住在这个圆周里面，有可能就在靠近圆周中心的地方。事实上，有 80% 的强奸犯居住在这个圆周内；而 60% 以上的犯罪人就居住在这个大圆的中心地区。

在时空的显著性分析中，值得注意的是：

- 犯罪时间很大程度上反映了犯罪人的日常生活作息规律；
- 犯罪空间的选择可以反映出犯罪人的生活规律，以及对周围环境的认知模式；
- 存在“易侵害的犯罪地带”；
- 应用犯罪“圆周假设”理论（对流窜作案 / 机会作案者不适用）：犯罪人有固定的居所；犯罪人会在他熟悉的空间环境内犯罪；犯罪人作案时会以其固定住处为中心。

相似地，美国芝加哥学派开始了最早的关于犯罪与地理环境之间关系的研究尝试，形成了被称为“带状假设”（zonal hypothesis）的观点：（美国）犯罪人集中于城市的某个可被识别的地带；犯罪率在城市中心的过渡地带最高，而离城市中心越远，离城市边缘区越近，发案率越低。

美国犯罪学家艾克（Eck）在研究中惊奇地发现：

- 在美国，10%的犯罪被害人与大约40%的被害案件有关；
- 10%的犯罪人与50%以上的犯罪案件有关；
- 10%的地区是大约60%犯罪发生的区域或地点。

犯罪人特征

坎特相信，个人特征确实影响犯罪人作案的类型和方式。犯罪人在作案过程中表现出的特征，在其日常生活中同样会表现出来。即使是犯罪活动最频繁的犯罪人，其在大多数清醒的时间里所从事的，仍然是非犯罪的活动。只有极少数人格分裂的犯罪人，其犯罪行为和其他的活动才是完全分离的。

坎特提出从犯罪人与被害人的互动关系中来考察犯罪人的类型。不同类型的犯罪人对被害人有不同的认知，他们将被害人或看作物体，或看作工具，或看作人。将被害人看作物体的犯罪人是最残酷无情的，他们就像机器人一样，对被害人没有感情，因而可能拷打、杀害和肢解被害人，但却不会产生丝毫的懊悔。这类犯罪人的行为往往十分怪异，他们对被害人尸体进行肢解，保存被害人的尸体组织，把它们当作纪念品，此外，还可能具有食人肉的行为或者其他不把别人当人看待的行为。在家庭环境方面，这类人的成长家庭大多具有极为混乱的关系。将被害人看作工具的犯罪人，是将被害人视为其实现犯罪欲望的手段。狂暴杀人犯是这类犯罪人的极端的例子。他们或杀死他们遇到的所有人，或者坐在屋顶上，向所有路过的人射击。他们表达自己观点的能力和与妇女交往的能力，对他们的犯罪有重要的影响。这些犯罪人的智力和生活机会给他们提供了条件，使他们能够学会怎样给别人留下好印象。这些人可能是典型的精神病态，思维与情感似乎是正常的，知道应当如何建立人际关系，可能懂得同情的含义，但绝不会感受到同情，较易表现出纯粹的邪恶欲望。他们的被害人对他们有一些象征意义，他们可能会选择那些具有特殊相貌的妇女。坎特认为，这类犯罪人属于那种在犯罪中有组织力的犯罪人。将被害人看作人的犯罪人，把被害人当作特定的人看待，可能会进行很多被人们视为正常的行为。这些犯罪人的内心描述中，把自己看成戏剧性冒险活动中的英雄。这样的犯罪人往往可能有长期的、变化多样的犯罪历史。他们经常在室内犯罪，犯罪地点经常是他们的住所附近；犯罪方式也多种多样，既有暴力犯罪，也可能有诸如盗窃之类的犯罪。一些强奸犯罪人寻找那些能够与自己交谈的被害人，他们错误地认为，在强奸犯罪中存在着一定的个人关系。

在犯罪人特征分析时，值得注意的方面有：

- 犯罪分析标准：以犯罪行为分类，找到某案件的犯罪行为模式；
- 推测相互关系：涉及侵害的对象、犯罪工具、与被害人之间的关系；
- 分析犯罪现场："犯罪心理痕迹"，即犯罪动机、犯罪人格等心理特征在犯罪行为、犯罪现场的具体体现；
- 分析暴力手段：涉及犯罪人极端控制欲望、一般杀人或系列谋杀、性欲强奸动机或者非性欲强奸动机（愤怒—仇恨、虐待性侵害动机）。

犯罪生涯信息

在犯罪生涯的早期阶段，他们可能较多地在冲动状态下实施犯罪行为，犯罪手法比较业余，因此，解决系列犯罪案件的关键，可以在犯罪人第一次犯罪以前所发生的事件中去寻找。坎特认为，系列暴力强奸犯罪的人，不可能实施无缘无故的、突发性的犯罪行为。此类犯罪人系列犯罪模式的形成往往有一个演变过程，在这一模式形成之前可能会实施与系列犯罪无关的其他犯罪。在确定系列强奸犯罪人的前科类型时，他认为其前科未必与性有关。坎特认为，在一系列犯罪案件中，存在某种核心的主题或者目标，其中隐含着犯罪人与他人相处的方式，如暴力性。在计划一些性犯罪的过程中，犯罪人可能会控制暴力的使用，防止警方从其暴力方式中找到侦破案件的线索，但是在其他犯罪中，犯罪人可能并不控制其暴力性，如在酒馆中吵架、与女朋友打架、虐待妻子等。

强奸、持械抢劫和杀人这类严重的犯罪，往往是在犯罪生涯发展的较后的阶段实施的。这种现象可以用来分析犯罪人年龄的大小。在许多系列杀人犯罪中，犯罪人的年龄可能是接近四十岁或者四十岁出头，但是，强奸犯罪人的年龄通常是接近二十岁或者二十多岁。一个年龄较大、有性犯罪历史，但是没有其他犯罪历史的犯罪人，如果先进行强奸犯罪，之后进行杀人犯罪的话，那么，这个犯罪人有较大的可能是未婚者。此类犯罪人很可能具有同类性质的犯罪前科。

在犯罪生涯分析时，值得注意的方面有：

- 区分一次性犯罪人与习惯性犯罪人；

- 分析犯罪行为模式的固定性演化与变化；
- 分析犯罪行为的心理特征隐藏性。

如犯罪人平常是心思缜密的还是冲动鲁莽的，在人际关系方面是否具有欺骗的习惯性，这些特点在犯罪行为与平常生活中都会趋于一致地表现出来。即犯罪心理痕迹与生活行为模式之间存在着内在的关联性。由此，犯罪人渐渐地形成了固定化的犯罪行为模式。

此观点，大概对应于美国犯罪心理画像中“犯罪惯技”的概念，即犯罪人为了犯罪目的高效实现与犯罪安全性考虑，而形成的自动化、习惯性的犯罪策略、犯罪手段。

一般犯罪人的动机或心态隐藏较深，但是，这种独特的心理能量会在犯罪行为中显现出来。正如美国犯罪心理画像中“犯罪标识”所表达的观点：犯罪过程中一些特殊的做法或者仪式，虽然对犯罪目标的实现不是必需的，甚至还对安全性构成一定的威胁（如花费时间，留下更多的线索），但是，它对犯罪人内心来说非常重要，是一种强烈心理欲望的表达。正像电影《沉默的羔羊》中的犯罪人在杀人后，会在被害人的嗓子里塞进一只蛹虫，代表犯罪者的化蛹成蝶的想法！这样，一些隐藏的心理特征（如变态心理的需要指向或做法方式），就可以在对犯罪标识的分析中揭示出来。

犯罪人的司法 / 反侦查知识

通过犯罪人遗留在犯罪现场的物质痕迹来推测其是否了解法庭科学的相关知识。重点分析犯罪人为逃避逮捕所经历、了解的侦查、审判等而掌握的知识与对策技术。

例如，一名犯罪人在犯罪现场几乎没有消除或隐藏任何法庭科学证据，可以假定此人有些简单或冲动性犯罪，即便有前科，也可能是次数少或者情节轻微的违法犯罪。而犯罪现场“清洁”的迹象则表明，犯罪人了解或者参与过与收集证据有关的侦查技巧或程序，这些反侦查手段可能包括作案时戴手套、戴避孕套、消除脚印，或者拿走任何带有犯罪人体液的污染物。当然，犯罪人对法庭科学知识的了解和实际运用，并非仅来自亲身经历的违法事件或诉讼程序，还有可能是犯罪人自身从其他途径获得的直接或间接经验、知识。

在对犯罪人的司法及反侦查知识分析时，值得注意的方面有：

- 犯罪手段老练/残忍的犯罪人；
- 习惯性犯罪人；
- 反侦查手段的细节特征。

可见，侦查心理学（犯罪心理画像）的理论模式采取了一种自下而上的研究路径，更直接地指向刑事侦查目的，其基本思路是以犯罪行为方式预测犯罪人的日常行为表现与犯罪行为趋势。其核心侦查群包括：**居住地点**（熟悉区域与自我控制感、“犯罪心理地图”[①]）、**犯罪经历**（作案方式与自我防卫性）、家庭/社会特征（老练性与作案方式）、个人特征（日常行为的投射反映）与职业/教育历史（犯罪计划性与智商水平）。

---

① 犯罪心理地图，指犯罪人依其长时间形成的认知与行为习惯而采取的犯罪对象、犯罪手段、犯罪地点等固定化的作案模式。此为犯罪人心理作用下自动化的定式选择，正如按照其内心已有的地图行事一般。

40

审讯心理学：九步审讯法

由于犯罪行为的社会危害性与应受刑罚惩罚性，绝大多数犯罪嫌疑人在最初的审讯时都不会主动供述自己的犯罪事实。除少数自首者外，犯罪嫌疑人归案后，拒绝供述是较为普遍的现象。审讯人员与犯罪嫌疑人之间存在强烈的心理对抗是审讯中的常态，而心理策略的恰当运用是刑事审讯中实现心理突破、促使犯罪嫌疑人如实供述的重要技术。

如果警察没有对犯罪嫌疑人产生怀疑并加以审查，近 70% 的犯罪嫌疑人不会供述，约 20% 的犯罪嫌疑人会在没有警察的质疑下供述，而剩余约 10% 的犯罪嫌疑人则处于不确定状态。而审讯心理学正是探索审讯活动中各种行为的心理依据、心理特点及对策的应用学科。其中，刑事审讯的策略是该学科的核心内容，包括认知审讯策略、情感审讯策略与情景审讯策略。

九步审讯法

美国学者弗雷德·英博（Fred Inbau）在对成功的审讯案例进行深

人的观察并结合审讯已坦白其罪行的嫌疑人所获得的信息基础上，在其著作《审讯与供述》(*Criminal Interrogation and Confession*) 总结提出九步审讯法（The Nine Steps of Interrogation）。由于审讯专家里德参与此审讯技术的研究与推广应用（组建里德审讯培训学校），故而，此法也称为“里德审讯法”。

九步审讯法是由九部分组成的审讯程式方法，是一种克服反抗和供述欺骗的心理控制方法，其目的在于打破抗拒供述的犯罪嫌疑人的心理抵抗，使其如实供述罪行。其步骤为：

1. 提出正式指控。审讯人员直接正面地告知被审讯人，他已经被视为本案的犯罪嫌疑人。审讯人员陈述犯罪嫌疑人的犯罪事实，并自信地告知犯罪嫌疑人已经获得对其不利的证据。

2. 展开审讯主题。审讯人员根据情感型犯罪嫌疑人与非情感型犯罪嫌疑人各自的特点，说出其实施犯罪行为的原因（推测的）：提供犯罪嫌疑人一个道义上为自己开脱的理由。审讯人员编造一个关于犯罪嫌疑人为什么会犯罪的故事。通过观察犯罪嫌疑人的眼神，来进一步推测其犯罪的理由。如果犯罪嫌疑人没有进行否认，审讯人员可将此视为确定犯罪嫌疑人有罪的信号。这一步其实是合理化策略的运用。

3. 阻止否认。审讯人员打断犯罪嫌疑人对自己无罪的重复或详细说明，打击其自信心，并回到第二步的道义主题上。

4. 反驳异议。针对犯罪嫌疑人的关于自己为什么没有或不能实施犯罪行为的解释，审讯人员立即予以驳斥。通常无辜的犯罪嫌疑人会继续简单地否认，而有罪的犯罪嫌疑人感到否认全然无用，则会变得安静，表现出对积极参与审讯的退出。

5. 获得犯罪嫌疑人的注意。此时，犯罪嫌疑人灰心丧气、举棋不定，他可能总想寻找一个帮助他摆脱困境的方法。审讯人员利用犯罪嫌疑人的不安全感，装作和他站在一边，如身体上的接近、肢体语言的关心，以此来保持犯罪嫌疑人的注意力。

6. 控制犯罪嫌疑人的消极情绪。当犯罪嫌疑人变得沉默不语，只听不说，或竭力回避审讯人员的目光时，审讯人员应通过加强与犯罪嫌疑人的目光接触来对付其消极情绪。如果此时犯罪嫌疑人双手抱头、肩膀耸动，较可能表明他开始从主题编制阶段向动机选择过渡。

7. 提供选择问题。审讯人员使用一组选择性问题，建议犯罪嫌疑人在某个犯罪的“可以接受”和“不能接受”的问题上做出选择。审讯提供的两个通常截然不同的动机：社会可接受的动机（如“一时冲动而犯罪”），或道德败坏的动机（如“为了钱而杀害了她”）。审讯人员可以加大两种动机的反差，以促使其选择其一。此时，犯罪嫌疑人若出现点头或者某种暗示放弃抵抗的信号，审讯人员就要加快审讯速度。

8. 查明犯罪细节。审讯人员顺势让犯罪嫌疑人讲明犯罪行为的细节，包括时间、地点、被害人、凶器和实施的动机等，并努力挖掘各种相关信息。

9. 制作书面供词。提供书面供词，以作（固定）证据。

在这种审讯模式下，每个审讯步骤都建立于前一个步骤的基础上，逐步加以强化，以系统地消除犯罪嫌疑人的抵抗心理，使之变得顺从，说服犯罪嫌疑人同意审讯人员有关减轻其罪责的说法，然后将其顺从转化为完全的书面陈述。

大多数学者都认为九步审讯法是根据成功的审讯案例进行深入细致的观察，并结合其他案例信息总结而来的，有很强的司法实践基础支持，在获得犯罪嫌疑人口供方面的有效性已经被众多的审讯实务人员所证明，因而该审讯方法是很成功的。英国的吉斯力 · H. 古德琼斯教授和杰尼教授分析道：九步审讯法为何如此成功，是因为其中运用了“合理化”和“投射”两种心理防御机制，因此，在审讯中使犯罪嫌疑人的犯罪感和羞愧感以增加自身的内心焦虑从而使其更容易供认罪行。“这里提供的方法和策略没有一种会导致无辜的人犯罪供述……必须记住，没有一个步骤有导致无辜的人进行有罪供述的倾向，所有的步骤在法律规范上和道德上都是正当的。”

九步审讯法具有应用心理学的心理表现与态度转换的机理，但也存在着一些不足。其不足主要体现为：九步审讯法本身包括欺骗和谎言策略（审讯人员如何把握心理强迫与欺骗的边界是该技术的关键所在：如果心理威胁的使用不会影响到犯罪嫌疑人的自由意志，那么此策略是可接受的）；九步审讯法需要审讯者有很强的发现嫌疑犯欺骗和说谎的本领；不给犯罪嫌疑人充分说话的权利，要求犯罪嫌疑人放弃米兰达规则（Miranda Warning，美国刑事诉讼中的犯罪嫌疑人保持沉默的权利）。

九步审讯法于 1992 年由何家弘教授等翻译的《审讯与供述》一书引入我国。由于历史和文化、犯罪人情况等方面的差异，我国对九步审讯法的理论与经验方面有某些研究（如是否需要严格遵循其前后程式，在不同类型犯罪、犯罪人中应用的差异性与适合性等），但验证与总结尚不充分，也没有被广泛地应用到实际的刑事讯问之中。

41

认知审讯法

刑事讯问本质上是犯罪嫌疑人与讯问人员之间的言语互动过程，其心理机制是犯罪嫌疑人供述心理与讯问人员审讯（策略）心理的互动（沟通与说服）。

认知成分是个体态度形成与存在的基础，是态度的情绪情感成分、行为倾向成分的先导；犯罪嫌疑人对自己实施的犯罪行为的态度是其在审讯中供述障碍或者供述动机存在的基础。

认知失调审讯策略对犯罪嫌疑人要行之有效，需要把握其某些特定的认知成分对转变态度的作用；需要更加注重提升犯罪嫌疑人如实供述的主动性与意愿；需要通过适时增加新的信息（包括证据与特定背景信息）促成其供述动机的形成。认知成分是态度的基础，认知失调审讯策略是认知审讯法的基础，可以在认知平衡策略及利益得失分析策略的配合下，实现认知审讯策略的综合运用。审讯实践中常用的认知审讯法有：

错觉审讯法

在审讯过程中，审讯人员有意识地把犯罪嫌疑人带入特定的认识误区，使犯罪嫌疑人处于被动的心理地位：通过提供一个对犯罪嫌疑人不利的信息或设定一个对犯罪嫌疑人不利的事件，使其产生错误的认知。如此，让犯罪嫌疑人误认为自己的犯罪行为已经暴露，犯罪的证据已经被掌握了，对抗下去已经失去了意义，对抗只会使自己更为不利。

错觉审讯法之所以可以发挥效果，是因为真正的犯罪嫌疑人由于实施了犯罪行为，心里存在着明确的罪责感（作恶心虚），加之被拘禁的地位（信息隔离），他们在第一次被审讯时，在强烈的防卫动机的驱使下，会把自己的犯罪事实与特定行为对号入座。他们会对审讯人员设定的审讯目标、“利害关系人”与客观事实（真实的客观存在与假设的客观存在）产生错觉。错觉设定的关键在于：在对案情充分调研的情况下，合情合理地将假设的信息“推销”给犯罪嫌疑人；错觉信息的语言运用（表面模糊性而实质上有较强的针对性）；以“自言自语”的方法将信息输出。如此，可让“无事生非，无中生有”的错觉信息促使犯罪嫌疑的主观判断发生变化：犯罪证据已经被掌握，形势对自己越来越不利。错觉审讯法的运用技巧有：将假设信息直接告知犯罪嫌疑人、审讯桌上的材料“空城计”、暗示证据、语言的迷惑、利害关系的迷惑、审讯人员神态的迷惑、假戏真做顺势而为等。

结果审讯法

结果审讯法，指审讯时跨越设定的前提，直接指向犯罪目标和犯罪结果的方法。

犯罪嫌疑人在初次接受审讯时，大多数处于被动的心理状态，由于其对犯罪行为的情景记忆，审讯时提到或呈现的案件刺激会自动地产生强大的压力。他们会选择供述（可能性小）或者选择对抗（以更加强烈的或隐蔽的方式对抗的可能性大）。而审讯人员直接针对犯罪的目标或结果提问，对犯罪嫌疑人的冲动力最大。此时，观察犯罪嫌疑人对犯罪目标或结果的反应，审讯人员可以对犯罪嫌疑人的供述准备状态进行侦查，同时，能够发现其对抗反应的特征因素（如迟疑、惊恐、立即否定、反驳或者沉默不语等）。如凶杀案件中，审讯人员单刀直入地问“被害人现在在哪里？你杀人用过的刀放在哪里？”对贪污犯罪嫌疑人直接问“你在银行里那么多的存款是哪里来的？”对冲动性伤害犯罪嫌疑人直接问“你觉得你打伤的人现在有没有死亡的危险？”等，言下之意是，公安机关已经掌握了犯罪行为发生的过程，现在只是对质行为细节与结果。在犯罪嫌疑人对犯罪结果的反应中，反应时间是重要的信号指标：真正的犯罪嫌疑人反应时间比较长（有迟疑与思考后谨慎回答的时间），无辜的犯罪嫌疑人反应时间比较短（立即回答）。对于那些阻抗强烈的犯罪嫌疑人，还可以使用“如果……，那么……”的提问句式来提示其犯罪结果。相应地，对高嫌疑的犯罪嫌疑人，审讯人员应该立即对他的否定和辩解进行阻止，并及时地对其犯罪目标、结果进行针对性的提问，增加其心理压力（“犯罪事实已经为审讯人员确凿掌握”），以促成其向如实供述方向转化。

动机审讯法

这是与结果审讯法对应的审讯方法，直接揭露犯罪行为背后的犯罪原因或动机。该方法主要针对心理防卫性强烈的、富有对抗审讯经验的犯罪嫌疑人以及顾虑重重的犯罪嫌疑人展开：犯罪动机是犯罪认知的有机组成部分。

大多数犯罪嫌疑人（尤其是犯下重罪者）对于与犯罪结果相关的行为过程与细节（作为犯罪事实的构成部分）的防卫非常强烈，当审讯提及或可能关联到犯罪行为的要素时，他们或否认或环顾左右而言他或沉默对抗。此时，如果审讯人员暂时回避犯罪的细节，而与犯罪嫌疑人探查或解析犯罪发生背后的原因或动机，犯罪嫌疑人的对抗警觉性、防卫性会显著降低。因为这也是犯罪嫌疑人需要被周围人理解而倾诉的需要（此时，犯罪嫌疑人处于被隔离的状态，虽然倾诉的对象是审讯人员，但犯罪嫌疑人潜意识也会有缓解紧张的需要）。法律惩罚的是以犯罪事实、犯罪证据为基础的犯罪行为，犯罪嫌疑人对犯罪原因、犯罪动机的防卫较为薄弱，有时犯罪原因与犯罪动机是其使犯罪合理化的托词。在这种“前卫”防范严密，而“后卫”防范松懈的情况下，动机审讯法是合理的选择。只要犯罪嫌疑人承认或部分承认了犯罪原因或动机（即使是犯罪合理化的解释），其心理防线就出现了缺口：承认了犯罪原因、动机，就等于承认了犯罪原因、动机驱使下的犯罪行为。当他们“合理地”解释了犯罪行为的原因时，犯罪行为事实的如实供述便只是一段时间内内心动机冲突后的“水到渠成”。其间，一个重要的标准信号是在解释犯罪原因、动机之前，或供述行为细节之前的“刑罚后果”探风，或者急切寻求审讯人员的“法律帮助与承诺”。这被认为是犯罪嫌疑人已经准备供述的明确信号。

合理化审讯法

合理化审讯法（策略）是指审讯人员对犯罪嫌疑人实施犯罪行为的原因予以“合理的接受”，从而给犯罪嫌疑人提供一个可以在道德上为自己开脱的理由，或者（暂时）尽量不去贬低、指责其犯罪行为的道德责任感。这种方法所要做到的只是使犯罪嫌疑人感到自己在道德上所应负的责任小于案件事实本身表明的责任，从而在消除或减轻内心道义自责的情况下承认自己的犯罪行为。合理化的过程是双方建立一种非评价的、相互信任的关系的过程，以使审讯人员更容易控制审讯的进程与发展方向。

它通常采用的方式有：对犯罪嫌疑人表示同情与安慰；降低犯罪嫌疑人的罪责感；唤起犯罪嫌疑人的自尊。使犯罪嫌疑人把犯罪归结于更容易在道义上被接受的和不太令人憎恶的动机或原因，如把性变态或从保险公司赔款中获益的纵火犯罪说成无意的，把强奸归因于行为人醉酒后所为，把抢劫归因于吸毒需要钱，把盗窃归因于生活拮据等。只要犯罪嫌疑人承认自己的犯罪行为或把自己与犯罪现场联系起来，下一步就可以根据掌握的证据、犯罪嫌疑人前后口供的矛盾，追问确定其真正的犯罪原因、犯罪动机。合理化审讯法与认知审讯法中的动机审讯法有相似之处：犯罪嫌疑人只要承认犯罪行为的原因、动机，就等于承认了犯罪行为。不同之处是，合理化审讯法是审讯人员人为地为犯罪找到一个开脱的、让其容易接受的理由，而不一定是犯罪嫌疑人实施犯罪行为的真实的原因与动机。

离间审讯法

离间审讯法，指侦查人员利用犯罪嫌疑人之间的矛盾和猜疑心理，挑拨他们之间的关系，造成他们相互怨恨而揭发犯罪同伙或供认自己罪行的一种审讯方法。

离间法就是挑拨离间，指有意识地制造矛盾斗争，以使其原有稳定关系破裂、获得特定利益的方法。大多数的犯罪人都是利己主义者，在自我利益面临受损或存在风险时，自动地从自我的个人利益出发做出“自我服务归因偏差”的认知判断与行为决策，这是审讯中离间法得以实施的根本基础。而在自我可能遭受重大利益损失，甚至生命、自由受到威胁时，这种同伙间的关系冲突会变得非常激烈，犯罪嫌疑人原本具有的理性分析判断能力会出现明显的认知加工障碍，这是离间法得以实施的认知基础。这正如经济学博弈论典型模型“囚徒困境”所提示的“在不确定情景下非理性决策”的原理。

离间审讯法在审讯中有时是克敌制胜的良方，主要在共同犯罪中使用，分化瓦解犯罪嫌疑人的攻守同盟，在犯罪嫌疑人的相互对抗中获得犯罪的证据或侦查线索。当得知攻守同盟的一方没有遵守约定（无论是真实地还是虚假地打破约定）时，犯罪嫌疑人就会产生被出卖的心理认知，可引发报复行为，促使双方或多方相互检举揭发，最后达到犯罪事实的目的。甚至有的犯罪嫌疑人在自己利益的驱使下（如为了立功或减轻罪责），会主动进行同伙犯罪行为或另外的犯罪行为的揭发，此为共同犯罪中重要的侦查线索（当然要注意判别犯罪人可能提供虚假的情报）。

在离间审讯法实施中，还可以配合运用对质法对其攻守同盟进行瓦解：犯罪嫌疑人与同案犯罪嫌疑人、证人、被害人的陈述存在矛盾，在侦查人员的主持下，让同案犯罪嫌疑人、证人、被害人与犯罪嫌疑人就有矛盾的事实进行对质，借以甄别矛盾事实的真伪或者促使犯罪嫌疑人交代罪行。

美国兰德公司博弈论模型：囚徒困境

一个富翁在家中被杀，家中财物被盗。警方在此案的侦破过程中，抓获了两个犯罪嫌疑人（斯卡尔菲丝和那库尔斯），并从他们的住处搜出被害人家中丢失的财物。但是，他们矢口否认曾杀过人，辩称是在入室偷窃过程中先发现富翁已经被杀害，然后他们只是顺手牵羊偷了点儿东西。于是警方将两人隔离，分别关在不同的房间，由地方检察官分别和两人单独谈话。

在面对共同盗窃的两个犯罪嫌疑人时，检察官说："由于你们的偷盗罪已有确凿的证据，所以可以确定地判处你们一年刑期。但是，我可以和你们做个交易：如果你们中一人单独坦白盗窃的罪行，我只判他三个月的监禁，但他的同伙要被判十年刑。如果你拒不坦白，而被同伙检举，那么你就将被判十年刑，他只判三个月的监禁。但是，如果你们两人都坦白，那么，你们都会被判五年刑。"

他们面临着两难的选择——坦白或者抵赖。显然最好的策略是双方都抵赖，结果是大家都只被判一年。但是由于两人处于隔离的情况下无法沟通与串供，所以，按照亚当·斯密的经济学理论的策略，每个人都会自动地从利己的目的出发，他们选择坦白是最佳策略。因为坦白可以期望得到很短的三个月监禁，但前提是同伙抵赖。这显然要比自己抵赖坐十年牢好。

如果对方坦白了而自己选择了抵赖，那自己就得坐十年牢。因此，在这种情况下还是应该选择坦白，即使两人同时坦白，至多也只判五年，总比被判十年要好。所以，两人合理的选择是坦白，原本对双方整体有利的策略（都抵赖）和结局（被判一年刑）就不会出现。

这样两人都选择坦白的策略（因此被判五年的结局）被称为“纳什均衡”，也叫“非合作均衡”。因为，每一方在选择策略时都没有“共谋”（串供），他们只是选择认为对自己最有利的策略，而不考虑共同的利益或者任何其他对手的利益。

在侦查讯问中，在发现或者主动制造犯罪嫌疑人之间的矛盾或利益冲突的基础上，可以巧妙利用各种引发矛盾（心理冲突）的方法来实现此种“纳什均衡”：团伙犯罪中，犯罪成员为了自己的个人利益，可能供述出自己掌握的、对自己有利的犯罪信息（如不重要的犯罪信息、认为公安机关已经掌握的信息、他人的犯罪信息等）。

42

情感审讯法

情感审讯策略是利用审讯双方情绪情感的力量实现犯罪嫌疑人抗拒态度转换的策略与方法。其中，策略包括积极情绪的力量与消极情绪的力量的主动利用。

在审讯过程中，有一些通用的情感策略，如对犯罪嫌疑人基本权利的维护、自尊心理的尊重，良心道德感的赞许等方法对所有的被审讯者都是普遍适用的。否则，对抗的情绪必然导致或者加强审讯进程中犯罪嫌疑人的对抗—抵触关系，这无形中会强化犯罪嫌疑人形成供述动机的障碍。

对不同类型的犯罪嫌疑人需要采用不同的情感审讯策略。情绪型犯罪嫌疑人由于焦虑、恐惧、失望、悔恨或内疚等消极情绪情感强烈而明显，心理压力过大，导致交代犯罪事实的顾虑太重，宜采取心理同情和情感感化为主的策略：适当缓解其心理压力，在获得心理安抚的基础上，通过指明道路，促成其供述态度的形成与增强。

而对理智型犯罪嫌疑人，由于原有的心理抵触情绪、对抗行为倾向强烈，导致持续的抗审动力，宜采取以增加心理压力为主的情感策略，如通过明确的刑罚威慑、指明犯罪行为危害性、类似案件的对比，加强犯罪嫌疑人的心理控制，辨析利害关系与利益得失，指出可能的出路，促成其渐渐改变态度而供述。因此，适当地增加情绪压力与减缓情绪压力是针对不同心理态度的犯罪嫌疑人的差异性情绪情感策略与方法。一般而言，对情绪型犯罪嫌疑人，采取减压策略，在降低其心理防卫压力的情况下，促使其供述；对理智型犯罪嫌疑人，以案件个体信息以及已经确定的证据渐渐地或突然地增加压力，攻击其已经准备好的心理防线，适时地辅之以“减轻、缓解压力的出路”，促使其供述动机的形成。

自尊唤醒审讯法

犯罪嫌疑人也有自尊心，许多犯罪嫌疑人良知尚未泯灭。审讯人员从唤起其自尊心与良知处着眼来改变其态度，即虽然犯了罪，但只要老实交代，争取宽大处理，以后不再重犯，那么还不失为一个有良知的人。这一方法首先是激起犯罪嫌疑人的认知失调，使其认识到犯罪行为对他人、社会的危害，对家人的连累与产生的精神痛苦，给自己带来的经济与名誉损害，增加其心理压力与罪责感。同时，找到犯罪嫌疑人的“闪光点”（如成绩与荣誉），强化其认知失调。其次，为犯罪嫌疑人减少或消除认知失调指明方向与路径：讲政策、指前途、给出路。让犯罪嫌疑人认清面临的问题：如何能减轻对社会和他人的危害、对家人的连累、对自己的贻误。否则，执迷不悟将会终身悔恨。

情感策略与方法运用的前提首先是犯罪嫌疑人处于侦查机关的控制之下，对安全感有较大的需求；其次是讯问人员对犯罪嫌疑人的生活、工作背景、家庭环境有一定的了解，找到其情感弱点，即可供感化的素材，否则，无的放矢地安抚、同情并不能产生明确的积极效果。

情感感化的形式有行动上的感化和语言上的感化。行动上的感化主要是从生活、身体上关心犯罪嫌疑人，包括给穿薄衣的犯罪嫌疑人披上衣服等；语言上的感化包括直接感化和间接感化。直接感化指通过赞美（肯定犯罪嫌疑人的“闪光点”，如从其参加工作至案发客观上为国家和社会做过的贡献）、换位思考等方式，表示对犯罪嫌疑人的行为予以理解，从而达到感化的效果；间接感化是通过讲述类似案件如实供述获从宽处罚的例子或者选择其他表现良好的犯罪嫌疑人宣读悔过书的方式现身说法来感化犯罪嫌疑人。

因此，侦查人员在讯问时对犯罪嫌疑人过去的委屈、遭遇，以及犯罪后的精神痛苦表示同情和安慰，可以让犯罪嫌疑人认同侦查人员了解其苦衷的做法，而最终愿意供述犯罪行为。

亲情感化法

亲情是所有人在生活中自然形成的对家人的亲密情感，它对人的态度与行为具有强大的动力作用。在审讯过程中恰当地运用亲情同样可以促成犯罪嫌疑人形成供述动机。

犯罪嫌疑人与绝大多数普通人一样，都不愿意伤害自己的亲人，也不愿意让亲人对自己产生不良的看法。而事实上，犯罪嫌疑人因为自己的犯罪行为已经伤害了自己的亲人：“你的妻子（丈夫）和孩子知道后会怎么想？”“你的孩子会怎么看待他们的父（母）亲？”“你这么做怎么对得起生养你的父母？”“事到如今，你还不坦白，只会连累你的亲人。”此时，审讯人员向犯罪嫌疑人指出，他所做的事已经伤害了他的亲人，连累了他们，犯罪嫌疑人原有的“我是一个热爱家庭的人”“我不是无情无义的人”的认知与“我伤害了我的亲人”的认知产生了严重的失调。审讯员应该及时地帮助犯罪嫌疑人降低失调：指出“只有勇敢地承认自己的罪行，如实交代，争取从宽处理，才能弥补给家庭、亲人带来的伤害，才可能得到家人的原谅”。如此，犯罪嫌疑人在亲情的感召、激励下就可能改变拒供的态度，形成供述动机而如实供述自己的犯罪事实。

亲情感化法可以在错觉法与心理暗示法的支持下延伸、扩展运用：让犯罪嫌疑人把审讯人员当成“自己人”，来达到说服对方的目的。此方法的具体做法是，审讯人员变换角色，以对方的“自己人”角色出现，让犯罪嫌疑人相信审讯人员，愿意接受审讯人员的信息，以达到说服对方的目的。需要特别注意的是，使用直接或隐含的暗示而不是谎言让犯罪嫌疑人形成错觉，务必把握好心理暗示与欺骗、诱供的界限。

43

情景审讯法

对犯罪嫌疑人的审讯是在特定的场所与特定的审讯氛围中进行的，审讯人员主动营造审讯的环境与情景对于无形中增加犯罪嫌疑人的心理压力与心理强迫性具有“此时无声胜有声”的效果，这正是情景审讯策略与技术的要旨。

模拟情景审讯法

所谓模拟情景审讯，是通过分析推理，找出相似的犯罪情景进行犯罪过程模拟，在审讯中再现给犯罪嫌疑人，进行犯罪事实与其心理事实的确认，以形成心理证据。此方法的主要做法是根据审讯人员已经掌握的部分犯罪情节，加上合理的推理与分析研究，把模拟出的犯罪现场与过程以语言描述再现给犯罪嫌疑人，帮助他将客观存在的犯罪事实与其内心隐蔽的心理事实进行对比确认。如此，在犯罪事实与心理事实的对接、比较中，强制地让犯罪嫌疑人对犯罪事实与心理事实进行确认，犯罪嫌疑人内心隐蔽的犯罪心理事实就可以暴露出来。

犯罪事实是犯罪行为发生的过程与细节，是客观存在的，其本身并不能必然地与犯罪行为人联系起来；犯罪人的心理事实来源于犯罪行为人的犯罪记忆，也是形成犯罪人心理证据的来源。审讯的本质就是建立起客观的犯罪事实与隐蔽的犯罪心理事实之间的确切联系，形成心理证据。模拟情景审讯法，在假定了与该案件高度相似或可能相似的犯罪情景后，审视犯罪嫌疑人的反应（焦虑、紧张或漠然），初步判断该模拟的犯罪情景与真实犯罪情景之间的关联度。其中，常常使用的提问或者探查的语句是“假如该案件当时是这样……发生的，你认为犯罪嫌疑人会怎样来处理……（凶器或物件）”“如果你当时就在现场，你对被害人会有什么样的感想”之类的。

国外的司法机关采取模拟情景审讯法时，常常借助犯罪心理画像、模拟犯罪情节等技术手段，通过犯罪嫌疑人对过程与细节的比较确认，以达到审讯目的。即通过犯罪现场重建技术、行为证据分析技术，逼真或近似地模拟犯罪过程、犯罪细节，形成强大的、直观的心理威慑力，促使其态度的改变。

暗示审讯法

暗示是指用间接、含蓄的方式对别人的心理和行为施加影响，暗示作用往往会使别人不自觉地按照一定的方式行事，或不加分析地接受一定的意见或信念。暗示是在非对抗条件下，通过语言符号、表情、行为、环境因素，用间接、含蓄的方式对对方的心理和行为施加影响的心理操作，具有非对抗性、隐蔽性与针对性的特点。

在外部世界的模糊性与内部认知不稳定的压力下，人们会产生焦虑情绪，并倾向于建立稳定的认知应对策略。认知应对策略有习惯性思维、暗示与理性思维三种方式，而在特定条件下暗示是个体主动适应外部刺激常用的反应方式。暗示是人类最简单、最典型的条件反射，是一种被主观愿望肯定的假设，不一定有事实根据，但由于主观上已经肯定了它的存在，心理上便趋向于这项内容。在审讯过程中，巧用心理暗示已经成为获得犯罪嫌疑人真实供述的重要手段。

暗示包括实施暗示与接受暗示两个方面，两者相互联系。审讯活动中，实施暗示者（审讯人员）希望被暗示者（犯罪嫌疑人）按照其指导的方向行事，达到影响他态度改变（如实供述）的目的。而被暗示者（犯罪嫌疑人）接收到信息后，不是通过分析、判断而接受，而是无意识地按信息指引行事。一般说来，审讯人员的身份越高、权威性越高、审讯经验越丰富、团体合作影响力越明显，其产生的暗示效果越好；当犯罪嫌疑人处于焦虑、困惑、不知所措的心理状态时容易受到暗示的影响，独立性不强、情绪型犯罪嫌疑人易受暗示，女性与未成年犯罪嫌疑人容易接受暗示。

审讯中采用的具体暗示方法有：

- 暗示用证。用含蓄的语言、形象或者放置已经查获的实物证据，使犯罪嫌疑人意识到办案人员已经掌握了证据而不得不交代自己的罪行。如犯罪证据的“充分性”体现、同案犯及利害关系人的已经坦白的证词、已经找到的物证或证明。因而，主动交代有利于自己的处境或预期利益。例如，某一久审不决的凶杀案犯罪人，突然在早晨六点（通常不会进行提审的时间段）被提审。审讯中，审讯人员就简单地提醒：“你的事情已经很明了了，现在是你最后的主动供述机会，否则，你就收拾好自己的东西吧。”犯罪嫌疑人在这种时间、这种坚决而果断的语气中，判断出警方已经找到自己作案的确定证据；如果现在自己不交代，就会失去主动坦白的最后一次机会，这对自己非常不利。于是，犯罪嫌疑人急切地回答："我现在交代，还算不算是主动坦白？"

- 造势用势。通过一定的语言、行为和气氛、环境布置，使犯罪嫌疑人形成罪行已经被揭露的观念。它是利用犯罪嫌疑人在审讯的特定环境与特定心理状态下所形成的非理性判断，造成其对整体氛围的错觉而加以利用。处于被羁押的环境中，犯罪嫌疑人总是希望达到某种愿望或不愿意出现某种结果，而他又不可能知晓自己罪行暴露的程度及审讯人员已经掌握的证据。此时，审讯人员输出一个模糊信息，犯罪嫌疑人就可能顺着其倾向性做出非理性的判断。造势的方法在语言造势之外还有环境造势、人员造势。

  环境造势。指审讯室环境的特意安排包括灯光及其他物品等的布置。如审讯室内昏暗的光线、不稳定的桌椅、桌面上摆放众多的卷宗，可能引发犯罪嫌疑人心态的波动不安。美国联邦调查局探员约翰·道格拉斯喜欢在审讯室墙上悬挂一些图表，显示每一个犯罪嫌疑人被定罪后将面临的具体刑罚。这些无形的压力，提醒犯罪嫌疑注意自己的切身利益。正如他所言："在审讯中，我就是要尽可能使那种如坐针毡的感觉越大越好。"

  人员造势。审讯团队的组成，审讯人员的外表、认知风格、情绪情感特征、人格特质（尤其是坚毅性、控制力、正义感、果敢性、宜人性、人际沟通能力等品质），以及具体的行为举止对于审讯的进程与策略效果具有非常重要的显性或潜在的影响力。从审讯人员的选择以及他们的衣着、举止、神情、仪态给犯罪嫌疑人"无意之中"的特定信息。如多人审讯意味着重视、案情重大。可能潜意识地形成紧张、震慑的“大兵压境”的心理气氛；审讯专家或高级别的领导参与审讯意味着某种程度的升级、重视和施加压力等。这些精心设计的“无意之举”可能成为打开顽固心理防线的契机。而当在造势的作用下已经形成利于审讯的心理气氛时，立即选择一个与案件有着某种关系的环节，逼其说明原因，往往有利于犯罪动机及犯罪行为细节的清晰。

- 冷处理法。是指突然中断或延时审讯的方法，当审讯不顺利或陷入僵局时可用，包括中断审讯、择日再审，或拖延审讯。其原理是基于犯罪嫌疑人与外界信息隔绝，容易出现错误的推断。“是不是公安机关掌握了我的事情，怎么不提审我了？是不是公安机关在考验我？”如果不断地煎熬与焦虑使犯罪嫌疑人按捺不住主动交代，往往可带来审讯的大转机。这是情景审讯法在时间设置维度上的具体运用。

审讯中常见的情况是，在犯罪嫌疑人即将放弃抵抗的关键时刻，可能有些迟疑或抗争，如“让我想一想，明天回答你们”。此时，必须一鼓作气，坚持审讯，直至其放弃抵抗的想法，以防止犯罪嫌疑人经过一段时间的“慎思”（面对犯罪后果）后，或者接受其他犯罪嫌疑人的教唆“指教”，可能再次回到拖延或者新的对抗策略中。

44

虚假供述

虚假供述（false confession）是指供述者对自己未曾犯下的罪行进行供认，包括谎供与错供。谎供是供述者故意提供虚假供述；错供是供述者主观上认为自己提供的陈述是真实的，而实际上其供述的内容是虚假的。错供是刑事证据学及审判心理学重点关注的主题，司法心理学中重点研究错供的虚假供述，即什么环境（审讯条件）与心理因素导致了错供的发生及其心理机制，以及如何有效鉴别与预防错供。

一项研究显示，因为DNA技术测试而被改判无罪的罪犯中，有20%—25%曾向警方做出有罪供认，而且这一比例在谋杀案件中更高。对美国1989年至2003年的340起错案进行分析，发现有51件是由虚假供述引起的。

理论上，虚假供述可以由无罪和有罪的犯罪嫌疑人中诱导得出。虚假供述是由供述者的特定需要而诱导的供述，或者故意伪造供述，或者供述内容与事实不符。虚假供述可以通俗地理解为“一个人对自己未犯的罪行进行供述”。虚假供述具体包括两种情况：犯罪嫌疑人根本没有犯被指控的罪行（也可能犯有其他罪行）；犯罪嫌疑人与所指控的罪行有关，但他在羁押讯问期间夸大自己在犯罪行为中的作用。显然，虚假供述的危害体现为：无罪之人定罪与接受刑罚；引发不当定罪；真正的犯罪人有机会逃脱惩罚。

美国司法心理学学者凯辛（S. Kassin）与莱斯曼（L. Wrightsman）将虚假供述划分为**自愿型、依从型**与**内化型**三个类型。其中，人们供认从未犯过的罪行存在着不同的心理原因（需要与动机因素），也受到差异性强制条件及讯问策略、讯问技术、技巧的作用力影响。

自愿型虚假供述

自愿型虚假供述是个体在没有任何外部（警方）压力下提供的虚假供述。他们可能通过电视或者报纸得到某一案件的信息；通常是这些人主动到警方“自首”，并承认警察正在侦查的犯罪。他们错误地相信自己确实犯了罪，或者故意误导办案警察。自愿型虚假供述的出现不同程度地与个体的人格障碍、心理障碍、病态性心理需要有关，是某种特定需要的实现方式。其虚假供述的具体原因包括：

1. 消除内心罪恶感的无意识需要。实证调查发现，某些个体具有很高的与特定犯罪有关的内疚感水平，能影响到行为的各个方面，包括自愿虚假供述的需要。此为以无意识理论对自愿型虚假供述的动机与目的进行深层次精神分析。供述者内心这种无意识的罪恶感消极动力，本质上是一种“次级变态人格”的体现。

2. 出恶名的变态渴望。这是个体提高自尊的病态尝试，个体在现实世界体验到强烈的不满足感，并强烈渴望被重视，甚至意味着被确定贴上“罪犯”标签并为未犯之罪行受惩罚。显然，这些个体常常是严重的人格障碍者或精神病患者。

3. 幻想的作用。自愿虚假供述是因为个体不能准确地区分真实事件（实际发生的事件）与其内心世界考虑的、计划的、幻想的事件。这通常是意识的“现实监督”障碍所致，虽然也发生于正常个体的日常行为之中，但更多出现在心理疾病（如精神分裂症）患者身上。

4. “英雄主义”的力量。希望帮助与保护真正的罪犯是自愿虚假供述的一项重要原因。它在未成年案件中经常发生。他们意识到，如果决定自愿供述，其他人就可以避免犯罪的惩罚后果，如未成年案件中年幼的未成年人会做虚假供述，以保护年长的未成年人避免被控诉。当然，这些虚假的供述并不都是自愿的，如某人涉及一案，但他意识到只有做出供述，与他关系密切的真凶才容易被发现。

5. 报复动机。为报复他人而进行的自愿的虚假供述，实现直接或间接地报复他人的目的。这种报复既可以指向直接与自己有利害关系的个体，也可以指向潜在的或者间接的对象。

6. 争取“宽大处理”的利益。某些可能的涉案人员为了自身利益，表面上是进行自愿的“真实”供述，但其内心力量是为了顺应办案人员的想法（如尽快查清案情、完善证据链、给办案人员“合作”的好印象等），以获得对于自己相对有利的结果。

依从型虚假供述

依从型虚假供述是个体在讯问压力的作用下进行的虚假供述。犯罪嫌疑人没有进行自愿供述，但是因为即时性附带利益而服从于讯问者的要求。换言之，犯罪嫌疑人进行虚假供述是为了自身的某些即时性利益而顺应讯问人要求的。常见的附带利益有：供述后结束讯问、准许回家、逃避警察的羁押、吸毒者获得继续吸食毒品的机会等。

依从型虚假供述者是为了逃避目前的压力而追求即时性的附带利益，这一行为动机的出现与行为人的人格特质与思维模式存在着较密切的关系：依从性的人格特质者较独立性的人格特质者在相同的讯问压力或强制压力下更容易选择虚假供述的策略；注重近端行为后果的思维模式者，比注重远端行为后果的思维模式者更容易为虚假供述的"附带利益"所驱使。

无论是强制还是非强制依从型虚假供述，行为人自己清楚地知晓供述的真实性，他们进行了虚假的供述，但其内心世界的认知只是进行了表面的建构，并没有成为其认知结构"真实的"有机组成部分，这是依从型虚假供述与内化型虚假供述的主要差别。

内化型虚假供述

内化型虚假供述是指即使犯罪嫌疑人完全不记得犯罪，但在警察讯问期间也开始相信自己确实犯罪了而进行的供述。此类供述的虚假性非常明显，因为供述人自己完全没有犯罪记忆，只是在外界的强烈影响下，相信了附加的"犯罪事实"。内化型虚假供述表现为两种情形：一是即使犯罪嫌疑人已经认罪，但实际上对指控的犯罪已毫无记忆。犯罪嫌疑人记不清楚案发时自己的行为，并相信自己可能犯罪。二是警察讯问之初，犯罪嫌疑人清楚地记得自己没有犯罪，但随着讯问者的人为影响，他们开始怀疑自己的记忆与信念，最后认为自己有犯罪事实。相应地，内化型虚假供述的发生包括两个相对独立的过程：高度受暗示性的类催眠状态的过程（"我可能是犯了罪？"）；伴随自我概念变化的信息内化过程（"我肯定是犯了罪！"）。

内化型虚假供述根据强制性的程度，可以划分为高强制的内化型虚假供述与低强制（或称压迫性）的内化型虚假供述，其中低强制性内化型虚假供述是常见类型。内化型虚假供述导致的是行为人内部本有信息的怀疑与改变，以至于行为人最后相信了原本不真实的信息。与之相联系的是行为人的“记忆怀疑综合征”的出现。换言之，行为人不知道或不能确信真实的信息了。其主要发生机制是诱导犯罪嫌疑人产生心理怀疑和慌乱，并逐步改变现实的感知与记忆。讯问者可以成功地使犯罪嫌疑人确信：虽然他们对犯罪毫无记忆，但有确凿证据证明他们犯了被指控的罪行；他们也不记得犯罪的发生有合适的、充分的原因。

那些潜在的对促使犯罪嫌疑人产生内化型虚假供述发挥作用的“精微的”（危险的）讯问策略与技术有：

- 讯问者很确信地重复陈述犯罪嫌疑人有罪的观点；
- 漫长的讯问策略与强大的情绪强度影响技术；
- 犯罪嫌疑人被包围于“有罪假设”的多个讯问者中；
- 讯问者反复声称有证明有罪的确凿科学证据；
- 讯问者持续提醒犯罪嫌疑人存在记忆问题（破坏行为人的回忆自信心）；
- 讯问者引起犯罪嫌疑人反复否认的心理恐惧；
- 讯问人员以可能的利益暗示或别的方式要求犯罪嫌疑人接受假设与所指控罪行；
- 讯问中的暗示性技术；
- 讯问中催眠技术的运用及其消极后果的利用。

虚假供述的识别

虚假供述具有明显的危害性，但对其识别并不是一件容易的事情。即侦查人员与法官要判断犯罪嫌疑人供述的“自愿性”和“可靠性”。

1. 从法律层面判断犯罪嫌疑人供述的真实性。

- 审查供述动机与供述事实之间的一致性；
- 审查供述形成的时间以及一贯性；
- 审查具体的、细节的供述内容。

2. 运用行为科学技术识别手段，如语音分析技术（LVA）参与识别。

3. 运用证据识别手段，如证据使用策略（SUE）、证据框架与多维度对质、查证技术参与识别。

45

目击证言的可靠性

常言道:“耳听为虚，眼见为实！”

那么，亲眼看见的就一定是真实的吗?

现代心理学的实验已经证明，人的心理世界并不是其所处物质世界的模板;我们看见的、听见的与记忆的事件，只是在我们心中编码加工后的主观印象。

虚假记忆与目击证言

大脑的记忆看似是对经历事件与体验的完整记录，大脑对信息进行编码、储存与提取。但实际上，人的记忆大多数情况下是不完整的（经历者以为是真实完整的），尤其是面对紧张事件（伴随紧张或恐惧的情绪），在环境信息模糊不定的条件下，记忆的信息更是碎片化的。此时，人脑为了事件的完整性与可理解性，会自动加工，自动填充信息，让记忆者以为那是真真切切的事件原样。

因而，人的记忆是动态的，不稳定的，不是让人在任何时候都可以相信的。而在刑事案件审判中需要提供目击证言作为目击证据时，证言的可靠性就是至关重要的。

【案例】

真实的枪击者

美国某普通住宅前。

一个父亲与五个孩子（包括自己的孩子与邻居的孩子）在房前草坪上玩游戏。突然，一辆黑色小汽车在离他们四五米的房前马路上停下来，一只手伸出车窗外，向这个父亲连开两枪。之后，凶手扬长而去，消失在夜色之中。而那个父亲当场死亡。

报案后 24 小时内，办案警察在离案发地三个街区远的地方，发现一名 17 岁嫌疑人。但是，当时没有发现枪支、作案车辆与驾车人。

五个在场的孩子看到嫌疑人的照片都一致指认："他就是开枪的杀手！"犯罪嫌疑人激烈地声称自己与此事件没有任何关系，但法官与陪审团都一致地依据目击证人的证言判定犯罪嫌疑人罪名成立，判处其终身监禁。

"犯罪人"在监狱服刑期间一直申诉，直到 21 年后，检察官巡视员在重新查看证据时，觉得证据可疑。在司法心理学家的现场实验的情况下，争取到一次重审前的听证会。心理学家通过许多视觉心理学与记忆心理规律的论证，证明那证言可能是证人的错觉。尽管采用了视觉切线、光照度等术语与记忆原理进行分析，但基本上还是没有听证会上的人相信"犯罪人"是无辜的。最后，司法心理学家把法官带到犯罪现场：在大致同样的条件下进行现场实验。

结果表明：实际上，当时车外的人根本看不清楚车里的人是什么样子！

法官随即决定重审该案。充分的现场实证证据证明，孩子当时的证言是不可靠的！法官审判“犯罪人”当场无罪释放！他的人生非常冤枉，但是，这却不是证人故意的伤害！

上述这个案件充分说明了证言可靠的重要性。其实，犯罪心理学家早已经开始系统地进行证人证言可靠性研究。

有人认为，记忆力好的人不会如此。在心理学家沃里斯特实验室的研究中，记忆力最好的学生在重新回忆整个事件过程中有 26% 的重点细节发生错误，其他学生在回忆他们看到的事件中最多有 80% 的细节发生错误。那么，是不是眼见的也未必是真实的？

美国心理学家拉特尔（Ratter）在对 205 起被告人被错判有罪的案件进行分析后发现，其中的 52% 是因为目击证人的错误辨认造成的。

心理学家威尔斯（Wells）研究了在美国发生的 40 起案件。这些案件的被告人最初被认定有罪而送进了监狱，有 5 人被关在死囚区，但是后来却根据 DNA 检验消除了犯罪嫌疑。威尔斯等人发现，这些案件中有 36 件（90%）与一个或更多的目击证人错误地辨认了无辜者有关。

其一项研究发现，他们所研究的在司法 DNA 检验出现之前被判有罪而后来通过 DNA 检验被证明无罪的 100 多名被告人中，75% 以上的人是因为目击证人错误辨认的证词而遭受冤屈。

在 2012 年美国公布的“昭雪计划”（Innocence Project）的冤案中，有四分之三的冤案是由目击证人的证言错误导致的。

司法心理学家威尔斯将影响目击证人证言的因素分为**估计者变量**（estimator variables）与**系统变量**（system variables）两大类：估计者变量是目击证人自身及事件本身的因素；系统变量是由司法机关操控的因素。

估计者变量：与事件相关的记忆是核心因素

在面对事件信息时，我们的注意力是具有选择性的，在同一时间内，有的信息成为注意对象，另一些则成为背景。特定的时间内注意的中心只有一个。在感知事件信息时，还会明显地受到事件发生时间的长短、对象与背景、光线、颜色对比等因素的影响。例如，在不同光线背景下，人对颜色很容易发生错误判断：在颜色对比中，主观感觉会发生变化，人在非常态的光线下对某种颜色的主观判断在实际上有可能与真实颜色完全不一样。

其中，更为关键的是，人的记忆是对环境及事件信息在内心世界的重建；记忆是动态的、变态的。

目击证人的重建记忆

有一个记忆动态变化的经典实验：实验主试将一个五分钟的故事讲述给第 1 名被试听；一星期后，第 1 名被试讲述给第 2 名被试听，再一个星期后第 2 名被试讲述给第 3 名被试听。如此，故事一直传递到第 18 名被试。当第 18 名被试复述出故事时，其故事的信息只有 50% 左右是实验主试讲述的，而所有讲述故事的人都坚持认为，自己是按前一讲述者复述的。

还有另一个现场模拟记忆实验也真切地证明了记忆的失真现象。

在某次心理学研讨会即将开始的时候，门外突然传来一声枪响，随即一个女人破门而入，慌张地跑进会议室。其后一个男人手里拿着枪追赶进来，嘴里还高声地叫喊着愤怒的话语。那个女人与愤怒的男人在会场中追赶着，前后持续有十多秒钟，从后门追赶出去。正当大家惊慌失措之时，会议的主持人告诉大家："大家不要惊慌，这是我们特意组织的一场心理学实验。请大家将刚才发生的事件在纸上马上记录下来。"通过与实验录像的比对，实验者统计并分析参与者的记录发现：记忆者对事件信息的真实回忆比例只有68%左右，三分之一的信息是虚假的信息，其中有许多参与者主观想象或者猜测的信息，如眼睛的颜色、衣服特征、持续时间与话语的内容等。但他们自己都坚持那是事件的真实情况。

实验室与现场模拟的许多记忆实验都证明，人的记忆是重建的，是主观上结合自己的经验、期待及特定事件信息建构出来的，而且，随着时间的推移，在他人信息的影响下，记忆的信息还会发生变化：

- 使得事件变得简洁化；
- 在知识经验的参与下，事件更具有可理解性；
- 大脑会自动填充空白的事件信息，使得事件完整；
- 在主观预期的作用下，事件信息会自动地发生变化；
- 在环境与社会信息反馈的条件下，记忆是动态的、变化的、不稳定的。

目击证人的情绪影响

目击者在事件现场的情绪会严重地影响到记忆的准确性。其中，最为突出的是武器聚焦效应：对武器特别注意，对别的线索特征，如头发颜色、面部特征等则更有可能是推测出来的。

武器聚焦效应（weapon focus effect）：当罪犯持有武器时，目击证人的注意焦点往往是武器而非罪犯。心理学家洛夫塔斯（Loftus）通过监测目击证人的眼动，发现武器把目击证人的视觉注意从罪犯的面孔上转移到了过去。

证人固有的种族偏见或认识的刻板印象会潜在地、明显地影响到记忆的内容。

哈佛大学一名心理学教授曾经做过一个著名的（固有观念对记忆的影响）实验。

实验材料：一张图片。

图片内容：地铁场景中，在车厢里一个白人手拿匕首抢劫七个人；

另外还有一个白人正拿着一把剃刀威胁一个黑人。

实验内容：让参与实验的被试观察该图片 10 秒钟；一个星期后，让被试回忆图片内容。

实验结果：白人被试中 50% 回答是一个黑人抢劫（虽然图片中有三个黑人，但并非抢劫者）；而黑人被试回答则基本准确，就是一个白人实施抢劫。

可见，种族偏见与刻板印象都会影响目击证人证词的可靠性。人的偏见会自动加入对情节的记忆中，而记忆人本身并不一定会觉察到它与真实事件的差别。

同时，还有亲种族偏差（own-race bias，ORB），即当目击者与罪犯为相同种族时，辨认表现好；当目击者与罪犯为不同种族时，辨认表现差。

另外，证人作证中的这两点也很重要：

- 自信心水平与准确性的关系很低；
- 与记忆的生动性没有太多的关联。

【案例】

错误指认强奸犯

1988年的某一天晚上（21点30分左右），一名女大学生在大学校园的树林里被一名男性从背后袭击，并被威胁“不许出声，不然就杀了你”。犯罪人随后强奸了她。

被害人在两天后对一名警方怀疑的犯罪嫌疑人进行辨认，当听见被辨认人的声音时，立刻指认：“就是他，烧成了灰烬，我也听得出来！”

犯罪嫌疑人被判11年监禁。但在8年后的1996年，经过DNA鉴定确认了另一人是犯罪人，那人也招认了1988年那次强奸行为。

显然，这是一件冤假错案。当那名被冤枉者在律师与心理学家的参与下进行恢复性司法工作时，他说：“我当时就发誓说没有做过那坏事，你们就是不相信我！”

那名女大学生也声泪俱下地说：“我当时百分之一百确认就是你！我真的不是想害你的！”

可见，记忆是重建的，动态的，在许多情况下是不稳定的，有时也是不可靠的。尤其当事人、目击证人对紧急事件、危机事件的记忆，往往是主观性重建的记忆！

辨认中的时间要素

威尔斯通过实验与司法案件回顾发现：在10—12秒内提供的目击证言，正确率可以达到90%。在经验上这称为“第一时间判断原则”。

系统变量

司法机关在获得证言时的一些做法会影响到证言的真实性：辨认主持者的行为、队列辨认。

辨认主持者的行为

辨认主持者的指导语、提问方式、反馈等都会影响目击证人的辨认表现，都属于队列主持者的行为。

辨认的指导语：

有学者提出，在辨认之前，目击者是否接受过关于罪犯在列也可能不在列的指导（警告）将严重影响目击证言的准确性。

提问方式：

在询问证人时，询问人员应该选择开放式问题进行提问。

虽然开放式问题有利于证人回忆案件，保证证言的准确性，但不利于对事件细节的回忆。

需要特别注意的是，学龄前儿童不能区分信息来源到底是自己的真实经历还是来自其他媒介，容易受到成人的暗示和诱导，尤其在多次被询问的情况下，紧张害怕情绪会影响其记忆，容易混淆别人的与他真实发生的事情。

这就是植入性记忆，在儿童遭受性侵害的案件中，植入性记忆出现的可能性较高（而此类案件一般没有其他目击证人）；而且，学龄前儿童对“是否”的强迫性提问有回答“是”的偏好。因此，开放式提问更适合儿童提供证言。另外，对复杂的提问，如“难道你那天没有看到那个坏蛋的脸吗？”，儿童可能不知所云，也可能随机回答。

队列辨认：现场辨认与照片辨认方式

队列辨认，即将犯罪嫌疑人呈现于目击者或作证者之前，以供辨认其犯罪嫌疑人身份或者证据。按照呈现的具体对象，可分为照片辨认（呈现犯罪嫌疑人照片）和现场辨认（现场犯罪嫌疑人出现）；按照辨认时对象出现的时间性，可以分为顺序辨认（对象逐一呈现进行辨认）与同时辨认（同时呈现对象进行辨认）。

照片辨认对于辨认者具有较好的心理安全作用，但是容易受到照片真实度与静态因素的干扰；相对而言，现场辨认的可靠性较好。

不能特别突出犯罪嫌疑人的特征

- 队列辨认的潜在风险：横向比较以选出一个更像的犯罪嫌疑人。
- 顺序辨认的潜在风险：有时间压迫感，后期选一个更像的犯罪嫌疑人。

据此，西方国家提出司法改革的目击辨认五项规则：

- 双盲规则；
- 明确告知，犯罪人可能并不在队列里或照片里；
- 不应该突出犯罪嫌疑人；
- 证人辨认之前，让证人做一个明确的陈述；
- 对辨认过程录像，进行程序合法性审查。

在司法心理学理论的支持下，研究者提出了提高证人证言可靠性的探索性方法：

- 催眠：放松心情，帮助回忆（特别注意：催眠技术不适合犯罪嫌疑人的供述活动）。
- 回到犯罪现场（在特定的犯罪案件中，犯罪现场有助于恢复现场的事件信息）。
- 认知访谈技术核心要点包括以下几个方面：

  尽量减低提问的频率；

  重新建构原始情景；

  应以证人为中心：请他们讲述案发时看到或听到的情况；

  注意证人回答时的时间与情绪。

司法实践证明，认知访谈技术能增加 50% 的信息量，而回忆的错误率没有增加。

因此，在面对目击证人的证言时，需要时刻警醒：心理世界并不是物质世界的模板；我们看见的、听见的与记忆的事件，只是在心中编码加工后的主观印象。

参考文献

1. 罗大华、何为民主编:《犯罪心理学》,中国政法大学出版社2016年版。
2. 罗大华、马皑主编:《犯罪心理学》,中国人民大学出版社 2016 年版。
3. 李玫瑾著:《犯罪心理研究》,中国人民公安大学出版社 2010 年版。
4. 杨波主编:《犯罪心理学》,高等教育出版社 2015 年版。
5. 刘建清著:《犯罪动机与人格》,中国政法大学出版社 2009 年版。
6. 罗大华著:《罗大华 70 华诞文集》,中国政法大学出版社 2006 年版。
7. 乐国安主编:《法律心理学》,华东师范大学出版社 2003 年版。
8. 乐国安主编:《应用社会心理学》,南开大学出版社 2003 年版。
9. 刘建清著:《犯罪心理探微》,中国政法大学出版社 2015 年版。
10. 皮艺军主编:《越轨社会学概论》,中国政法大学出版社 2004 年版。
11. 皮艺军著:《人类性越轨探源》,长征出版社 2000 年版。
12. 刘邦惠主编:《犯罪心理学》,科学出版社 2004 年版。
13. 黄希庭主编:《人格心理学》,浙江教育出版社 2002 年版。
14. 邱国梁著:《犯罪动机论》,法律出版社 1988 年版。
15. 邱国梁著:《犯罪心理学的理论与运用研究》,群众出版社2005年版。
16. 吴宗宪著:《西方犯罪学》,法律出版社 2006 年版。
17. 吴克利著:《审讯心理学》,中国检察出版社 2013 年版。
18. 吴宗宪主编:《外国罪犯心理矫治》,中国轻工业出版社 2004 年版。
19. 张伯源主编:《变态心理学》,北京大学出版社 2005 年版。

20. 钱铭怡主编:《变态心理学》，北京大学出版社 2006 年版。
21. 马皑主编:《犯罪与司法心理学研究》，中国政法大学出版社 2006 年版。
22. 钟友彬著:《中国心理分析》，辽宁人民出版社 1988 年版。
23. 李世棣等编著:《犯罪心理学》，中国人民公安大学出版社 1986 年版。
24. 李玫瑾著:《犯罪心理学》，中国人民公安大学出版社 1999 年版。
25. 梅传强主编:《犯罪心理学》，法律出版社 2003 年版。
26. 杨士隆著:《犯罪心理学》，教育科学出版社 2002 年版。
27. 毕惜茜著:《心理突破》，中国法制出版社 2017 年版。
28. [英] 理查德·道德斯著:《自私的基因》，卢允中等译，中信出版社 2012 年版。
29. [美] 威廉·赖特著:《基因的力量——人是天生的还是造就的》，郭本禹译，江苏人民出版社 2001 年版。
30. [奥] 阿尔弗雷德·阿德勒著:《理解人性》，陈刚、陈旭译，贵州人民出版社 2004 年版。
31. [美] 鲍迈斯特尔著:《恶: 在人类暴力与残酷之中》，崔洪建等译，东方出版社 1998 年版。
32. [美] 埃利奥特·阿伦森著:《社会性动物》，郑日昌等译，新华出版社 2002 年版。
33. [美] A. H. 马斯洛著:《动机与人格》，许金声译，中国人民大学出版社 2007 年版。
34. [美] H. L. 皮特里等著:《动机心理学》，郭本禹等译，陕西师范大学出版社 2005 年版。
35. [美] 劳伦斯·泰勒著:《遗传与犯罪》，李平等译，群众出版社 1986 年版。

36.［英］阿德里安·瑞恩著：《暴力解剖》，钟鹰翔译，重庆出版社 2016 年版。
37.［美］伊莱恩·卡塞尔等著：《犯罪行为与心理》，马皑等译，中国政法大学出版社 2015 年版。
38.［英］詹妮弗·M. 布朗等主编：《剑桥司法心理学手册》，马皑等译，中国政法大学出版社 2013 年版。
39.［美］斯坦顿·萨梅诺著：《犯罪心理分析》，姚峰等译，人民邮电出版社 2018 年版。
40.［美］布伦特·E. 特维著：《犯罪心理画像》，李玫瑾等译，中国人民公安大学出版社 2005 年版。
41.［美］C.& A. 巴特尔著：《犯罪心理学》，李玫瑾等译，中国轻工业出版社 2017 年版。
42.［英］G. H. 古德琼森著：《审讯和供述》，乐国安等译，中国轻工业出版社 2008 年版。
43.［美］彼得 C. 卡特考斯基等著：《青少年犯罪行为分析与矫治》，叶希善等译，中国轻工业出版社 2009 年版。
44.［美］保罗·布里顿著：《辨读凶手》，李斯译，海南出版社 2001 年版。
45.［美］约翰·道格拉斯、马克·奥尔沙克著：《顶级悬案》，邓海平等译，海南出版社 2001 年版。
46.［美］约翰·道格拉斯、马克·奥尔沙克著：《动机剖析》，张向珍等译，海南出版社 2001 年版。
47.［美］约翰·道格拉斯、马克·奥尔沙克著：《变态杀手》，岳盼盼等译，海南出版社 2001 年版。

48.［意］C. 龙勃罗梭著:《犯罪人论》，黄风译，中国法制出版社 2005 年版。

49.［美］戴维·迈尔斯著:《社会心理学》，侯玉波等译，人民邮电出版社 2006 年版。

50.［奥］S. 弗洛伊德著:《精神分析引论》，高觉敷译，商务印书馆 1986 年版。

51.［奥］S. 弗洛伊德著:《性欲三论》，赵蕾等译，国际文化出版公司 2007 年版。

52.［瑞士］卡尔·荣格著:《现代灵魂的自我拯救》，黄奇铭译，中国工人出版社 1987 年版。

53.［美］A. 班杜拉著:《思想与行为的社会基础：社会认知论》，林颖等译，华东师范大学出版社 2001 年版。

54.［美］R. R. 霍克著:《改变心理学的 40 项研究》，白学军等译，中国轻工业出版社 2004 年版。

图书在版编目 (CIP) 数据

犯罪心理分析：人为什么犯罪 / 刘建清著 . —北京：中国法制出版社，2020.12
ISBN 978-7-5216-1520-3

Ⅰ. ①犯…　Ⅱ. ①刘…　Ⅲ. ①犯罪心理学—研究
Ⅳ. ① D917.2

中国版本图书馆 CIP 数据核字（2020）第 249653 号

策划编辑：李　佳（amberlee2014@126.com）
责任编辑：李　佳　刘冰清　　封面设计：汪要军

犯罪心理分析：人为什么犯罪
FANZUI XINLI FENXI：REN WEISHENME FANZUI
著者 / 刘建清
经销 / 新华书店
印刷 / 三河市国英印务有限公司
开本 / 880 毫米 ×1230 毫米　32 开　　印张 / 9.5　字数 / 228 千
版次 / 2020 年 12 月第 1 版　　2020 年 12 月第 1 次印刷

中国法制出版社出版
书号 ISBN 978-7-5216-1520-3　　定价：48.00 元

北京西单横二条 2 号　邮政编码 100031　　传真：010-66031119
网址：http://www.zgfzs.com　　**编辑部电话：010-66038703**
市场营销部电话：010-66033393　　**邮购部电话：010-66033288**
（如有印装质量问题，请与本社印务部联系调换。电话：010-66032926）